待ってろ！甲子園

青鳥特別
支援学校
ベースボール部
の挑戦

日比野恭三

ポプラ社

青鳥特支《せいちょうとくし》 戦《たたか》いの記録《きろく》 2024年春季《しゅんき》大会 明法戦《めいほうせん》

この試合《しあい》、首藤《しゅどう》くんは2番手でマウンドに上がり、公式戦《こうしきせん》に初登板《はつとうばん》。

代打での起用にそなえる、白子《しらこ》くん（左）と、斎藤《さいとう》くん（右）。

八木《やぎ》くんは2番セカンドで先発。これが公《こう》式戦《しきせん》初出場《はつしゅつじょう》だった。

ベンチから試合《しあい》を見守る久保田《くぼた》先生。

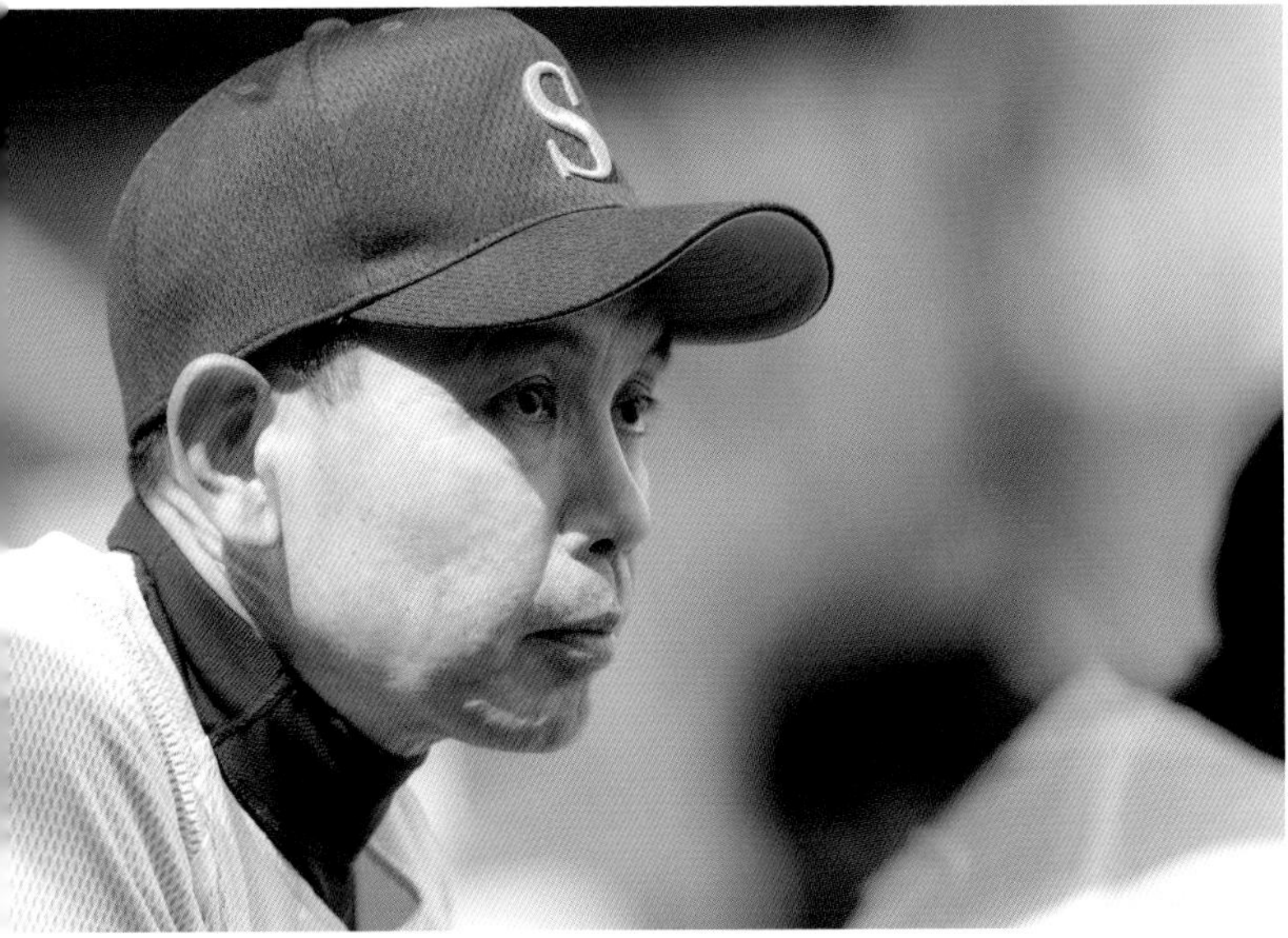

負けはしたものの、試合後《しあいご》の表情《ひょうじょう》は晴れやかだった。右から、後藤《ごとう》くん、西村《にしむら》くん、斎藤《さいとう》くん。

青鳥特支《せいちょうとくし》戦《たたか》いの記録《きろく》

2023年秋季《しゅうき》大会

八王子《はちおうじ》
実践戦《じっせんせん》

青鳥特支《せいちょうとくし》からは、首藤《しゅどう》くんが6番サードで夏季《かき》大会につづき先発出場。

試合後《しあいご》の選手《せんしゅ》たちと久保田《くぼた》先生。

開会式を終えて、連合《れんごう》チームを組む深沢《ふかさわ》高校、松蔭大松蔭《しょういんだいしょういん》高校のチームメイトたちと。東京都の大会に特別支援学校《とくべつしえんがっこう》が出場するのは、はじめてのことだった。

熱戦《ねっせん》を戦《たたか》いぬき、やりきった表情《ひょうじょう》の選手《せんしゅ》たち。

代打で登場した山口《やまぐち》くん。最初《さいしょ》で最後《さいご》の公式戦《こうしきせん》出場だった。

青鳥特支《せいちょうとくし》
戦《たたか》いの記録《きろく》
2023年夏季《かき》大会
松《まつ》原《ばら》戦《せん》

初代《しょだい》キャプテンをつとめた山口《やまぐち》くん。

青鳥特支《せいちょうとくし》の仲間《なかま》たち

副《ふく》キャプテンの首藤《しゅどう》くん。
プレーでチームを引っぱる。

二代目キャプテンの白子《しらこ》くん。
野球の知識《ちしき》はチームでもいちばん。

運動能力《のうりょく》の高い八木《やぎ》くん。
同じ学年には、4人の部員がいる。

野球が大好《だいす》きで
入部を希望《きぼう》した西村《にしむら》くん。

後藤《ごとう》くんはチームのムードメーカー。

斎藤《さいとう》くんは、練習を重ね
大きく上達《じょうたつ》した。

顧問《こもん》の先生たち。左から久保田《くぼた》先生、水野《みずの》先生、南波《なんば》先生、池端《いけばた》先生。

ベースボール部の挑戦《ちょうせん》は、まだはじまったばかり。
はるか先の未来《みらい》かもしれないが、
ここから甲子園《こうしえん》をめざす戦《たたか》いはつづいていく。

待ってろ！甲子園

青鳥特別支援学校ベースボール部の挑戦

日比野恭三

ポプラ社

プロローグ　グラウンドにひびく声

緑色のネットにかこわれた四角いグラウンドの中から、元気な声が聞こえてくる。

「ノック、いくぞ！」

「お願《ねが》いします！」

「声が小さいなあ！」

「お願《ねが》いします!!」

グラウンドでおこなわれているのは、野球の練習。

手にグローブをはめた数人の選手《せんしゅ》が守備《しゅび》につき、ボールを待ちかまえている。順《じゅん》ぐりに、監督《かんとく》が打ったボールをキャッチし、それを一塁《いちるい》に向かって投げこんでいく。

学校が休みの土曜日、グラウンドに大きな声がひびく。

だが、ボールをうしろにそらしたり、つかみそこねたり、投げたボールが右や左にそれていったり……。練習はなかなかスムーズに進まない。

それでも、うまくいくまで何度でも、何度でも、同じ練習をくりかえす。

ある選手《せんしゅ》が、がっちりとつかんだボールをめいっぱいの力で投げた。そのボールがノーバウンドで一塁《いちるい》の選手《せんしゅ》のグローブにおさまると、監督《かんとく》の大きな声がひびきわたった。

「ナイスプレーだ！　前よりうまくなってるぞ！」

ほめられた選手《せんしゅ》は、ちょっと照《て》れたような表情《ひょうじょう》をうかべながら、小さくうなずいた。

野球の練習をしているのは、青鳥特別支援学校《せいちょうとくべつしえんがっこう》ベースボール部の選手《せんしゅ》たち。特別支援学校《とくべつしえんがっこう》とは、障《しょう》がいのある子どもたちが通う学校のことだ。目が不自《ふじ》由《ゆう》な人や、耳が不自由《ふじゆう》な人、体を動かすことが不自由《ふじゆう》な人など、どのような障《しょう》がいがあるかによって、通える学校も変《か》わってくる。

その中で青鳥特別支援学校《せいちょうとくべつしえんがっこう》は、おもに知的障《ちてきしょう》がいのある子どもたちが学ぶ高校（高等部）だ。

知的障《ちてきしょう》がいとは、同年代の人にくらべて、ものごとを理解《りかい》したり言葉をあやつったりする力の発達《はったつ》におくれが見られ、日常《にちじょう》生活を送るうえでまわりの人からの支《ささ》えや助けが必要《ひつよう》な状態《じょうたい》のことをいう。

知的障《ちてきしょう》がいのある子どもたちにとって、野球をすることはかんたんではない。とくに、かたいボールを使う硬式《こうしき》野球となれば、なおさらだ。

理由はいくつかある。たとえば、野球のルールはかなり複雑《ふくざつ》で、細かい点まで正しくおぼえるのが大変《たいへん》なこと。また、個人競技《こじんきょうぎ》とちがって、ほかの選手《せんしゅ》と協力《きょうりょく》しあわなければいけないチームスポーツであること。そしていちばんの理由は、野球ではかたいボールやバットなどを使うので、ほかの競技《きょうぎ》にくらべて危険《きけん》だということ。

そのため、知的障《ちてきしょう》がいのある子どもが野球に興味《きょうみ》を持ち、少年野球チームや学校の野球部に入りたいと思っても、「あぶないから」という理由で断《ことわ》られることが多い。また、部活動で野球に取りくむ特別支援学校《とくべつしえんがっこう》も、ほとんどない。

それなのに、どうして青鳥特別支援学校《せいちょうとくべつしえんがっこう》の生徒《せいと》たちは野球の練習をしているのだろう？

カギをにぎるのが、ベースボール部監督《かんとく》をつとめる久保田浩司《くぼたひろし》先生の存在《そんざい》。

久保田《くぼた》先生の野球への情熱《じょうねつ》が、すべてのはじまりだ。

もくじ

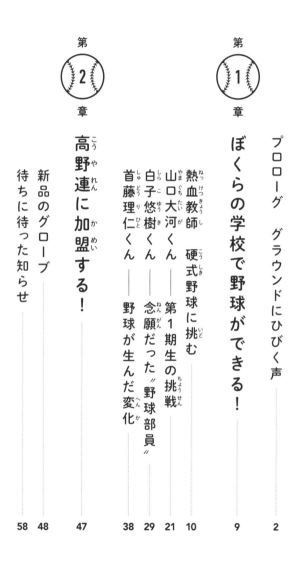

第1章

ぼくらの学校で野球ができる！

熱血教師《ねっけつきょうし》　硬式《こうしき》野球に挑《いど》む

「今のボールは捕《と》らなきゃダメだぞ！」

久保田浩司《くぼたひろし》先生が、ノックバットを片手《かたて》に、きびしい言葉を飛《と》ばす。同じ失敗《しっぱい》をくりかえす選手《せんしゅ》がいると、先生はみずから、正しい動きをやってみせた。

「ゴロを捕《と》るときは、こんなふうにもっと腰《こし》を落とすんだ。もう一回やってごらん」

上手にできるようになるまで、とことん選手《せんしゅ》と向きあう――。そんな教え方をつらぬいている。

久保田《くぼた》先生が東京都立青鳥特別支援学校《せいちょうとくべつしえんがっこう》にやってきたのは、２０２１年の春

東京都世田谷区《せたがやく》にある青鳥特別支援学校《せいちょうとくべつしえんがっこう》。2024年現在《げんざい》は、本校舎《ほんこうしゃ》が建《た》てかえ中で、仮設校舎《かせつこうしゃ》で授業《じゅぎょう》がおこなわれている。

のこと。このときの年齢《ねんれい》は55歳《さい》。教《きょう》師《し》になって34年目をむかえていた。

もともと野球が大好《だいす》きで、子どものころからプロ野球選手《せんしゅ》になることを夢見《ゆめみ》ていた。大学まで野球をつづけたが、夢《ゆめ》はかなわず。その代わり、高校の先生になって、野球部の監督《かんとく》として教え子たちと甲子園《こうしえん》に出場することが新たな夢《ゆめ》となった。

東京都の教員試験《しけん》に合格《ごうかく》し、新たな夢《ゆめ》への第一歩をふみだそうとしたのだが——最初《さいしょ》につとめることになったのが養護《ようご》学校（現《げん》・特別支援《とくべつしえん》

久保田浩司《くぼたひろし》先生（右）。知的障《ちてきしょう》がいのある子どもたちの教育に長年たずさわってきた、ベテラン教師《きょうし》だ。

学校《がっこう》）だった。

そこは、知的障《ちてきしょう》がいのある子どもたちが通う学校。野球部はなく、「甲子園《こうしえん》をめざそう」と考えている生徒《せいと》や先生も、だれひとりとしていなかった。

「もう野球はできないのか……」

目標《もくひょう》を失《うしな》った久保田《くぼた》先生は、がっくりと肩《かた》を落とし、教員生活をスタートさせた。

その学校ではたらきはじめて3年目に入ったころ、クラブ活動の顧問《こもん》を任《まか》されたことをきっかけに、生徒《せいと》たちにソフトボールを教えはじめた。

ソフトボールは野球とよく似《に》た競技《きょうぎ》だが、野球よりも大きくてやわらかいボールを使うぶん、危険性《きけんせい》は低《ひく》くなる。知的障《ちてきしょう》がいのある子どもたちにとっても、野球より取りくみやすい。

ボールを投げること、捕《と》ること、打つこと、走ること。熱心《ねっしん》に教えつづけるうちに、久保田《くぼた》先生の心に火がついた。

障《しょう》がいのある子どもたちは、のみこみがよいとは言えなかったが、久保田《くぼた》先生はねばりづよく、ていねいに教えつづけた。すると、子どもたちは悪戦苦闘《あくせんくとう》しながらも、少しずつ、少しずつ上達《じょうたつ》した。そして、東京都の特別支援学校《とくべつしえんがっこう》の大会で優勝《ゆうしょう》を果《は》たし、その後も連覇《れんぱ》を重ねるようになる。

久保田《くぼた》先生は、それだけでは満足《まんぞく》しなかった。障《しょう》がい者《しゃ》の枠《わく》を飛《と》びこえ、健《けん》常者《じょうしゃ》チームとの試合《しあい》を積極的《せっきょくてき》に組むようになった。

もちろん、最初《さいしょ》はこてんぱんにやられてしまった。高校生の女子チームとの試合《しあい》では、0対21と完敗《かんぱい》。久保田《くぼた》先生はソフトボールの専門書《せんもんしょ》を読みあさるなどして教え方の勉強を重ねたが、あまり効果《こうか》はなく、健常者《けんじょうしゃ》チームに何度挑《いど》んでも大差《たいさ》で負けつづけた。

「やっぱり無理《むり》なのかもしれない。もうやめようか……」

心が折《お》れかけることもあったが、なんとかふみとどまった。自分に、こう言いきかせた。

「生徒《せいと》たちに『勝つぞ！』と言っておきながら、わたし自身が心の奥《おく》で『どうせ無理《むり》だろう』と考えている。そんな思いは捨《す》てないと、いつまでたっても健《けん》常者《じょうしゃ》のチームに勝つことなんてできないぞ！」

このころ、久保田《くぼた》先生は新しい学校ではたらきはじめた。公立の学校の先生には、何年かで学校を移《うつ》らなければいけない決まりがあり、ずっと同じ学校に勤務《きんむ》することはできないのだ。

久保田《くぼた》先生は、気持ちを新たに、またソフトボールの指導《しどう》に力を注いだ。チームを一からつくりなおさなければならず大変《たいへん》だったが、決してあきらめなかった。チームは猛練習《もうれんしゅう》をこなし、着実に力をつけていく。

そのとちゅう、久保田《くぼた》先生は自分の指導方法《しどうほうほう》を見つめなおした。「こうしなさい」と押《お》しつけるのではなく、子どもたちみずからが考えたことを、できるだけくみとるようにした。

「もっと自分たちで考えてみなよ」

そんな言葉をかけることも増《ふ》えた。指導法《しどうほう》を変《か》えると、子どもたちの成長《せいちょう》の仕方も変《か》わった。押《お》しつけるようにして教えていたときは、子どもたちはその場ではできるようになるのだが、すぐに忘《わす》れてしまうことが多かった。だが、子どもたちの考えを大事にしながら教えると、技術《ぎじゅつ》や知識《ちしき》などがしっかりと身につくようになった。

この学校に来てから11年目――。久保田《くぼた》先生が率《ひき》いるチームは、ついに健常者《けんじょうしゃ》チームからの初勝利《はつしょうり》をもぎとる。なんと社会人のチームを相手に7対6で勝ったのだ。

前の学校でソフトボールを教えはじめたときから数えると、17年目の快挙《かいきょ》だった。

ソフトボールではすばらしい結果《けっか》を残《のこ》すことができた。だが一方で、久保田《くぼた》先生の心の中では野球への思いもくすぶりつづけていた。

年齢《ねんれい》を重ね、先生をつづけられるのもあと数年……。

「高校野球に挑戦《ちょうせん》するなら、今しかない！」という思いが、むくむくとわきあがってきた。

「障《しょう》がい者《しゃ》が野球をやるのはあぶない」と考える人が多かったが、久保田《くぼた》先生は長年にわたってソフトボールを教えるうちに、実はそうでもないということに気づいていた。

「実際《じっさい》のところ、障《しょう》がい者《しゃ》と健常者《けんじょうしゃ》で、あぶなさの度合いにちがいはほとんどない。指導者《しどうしゃ》がきちんと安全に気を配っていれば、障《しょう》がいがある子どもたちだって野球を楽しむことはできる」

そして、教員生活の最後《さいご》に、大きなチャレンジをしようと決めた。

「特別支援学校《とくべつしえんがっこう》に通う、知的障《ちてきしょう》がいのある子どもたちに野球を教えよう。自分がいる学校だけじゃなくて、野球がやりたい子どもたちを全国から集めて、みんなでいっしょに練習しよう」

2021年3月、そんな取りくみをスタートさせることにした。「甲子園《こうしえん》をめざし、夢《ゆめ》を追いかけることのすばらしさを伝《つた》えたい」との思いから「甲子園《こうしえん》夢《ゆめ》プロジェクト」と名づけた。久保田《くぼた》先生は思いきってみずから記者会見を開き、知的障《ちてきしょう》がいのある子どもたちに向けて「野球をやろう！」とよびかけた。

その内容《ないよう》がさまざまなメディアで報《ほう》じられると、参加希望者《さんかきぼうしゃ》からすぐに続《ぞく》ぞくと連絡《れんらく》が入った。

「ニュースを見てお電話しました。うちの子が、どうしても野球がやりたいと言っています。ぜひ参加《さんか》させてください」

「こういうのを待ってたんです！　危険《きけん》だということで子どもが野球をやれる場所がなかなか見つかりませんでした。プロジェクトには絶対《ぜったい》に参加《さんか》させていただきます」

そんなふうに話しながら、電話の向こうで涙《なみだ》を流す保護者《ほごしゃ》もいた。

「甲子園夢《こうしえんゆめ》プロジェクト」のはじめての練習会で指導《しどう》する久保田《くぼた》先生（左）。

3月下旬《げじゅん》には、さっそく都内ではじめての練習会がおこなわれ、全国から知的障《ちてきしょう》がいのある子どもたち11人と、その保護《ほご》者らが参加《さんか》。野球が大好《だいす》きだけど野球ができる環境《かんきょう》を手に入れられずにいた子どもたちの、笑顔《えがお》がはじけた。

「甲子園夢《こうしえんゆめ》プロジェクト」には、硬式《こうしき》野球をやりたくてもできなかった子どもたちが全国各地《かくち》から参加《さんか》した。

久保田《くぼた》先生はそのとき中野特別支《なかのとくべつし》援学校《えんがっこう》ではたらいていたが、夢《ゆめ》プロジェクトの開始とほぼ同じタイミングで学校を移《うつ》ることになり、東京都世田谷区《せたがやく》にある青鳥特別支援学校《せいちょうとくべつしえんがっこう》（青鳥特支《せいちょうとくし》）に赴任《ふにん》してきた。

夢《ゆめ》プロジェクトの活動は、月に一回程度《ていど》。それとは別《べつ》に、ここ青鳥特《せいちょうとく》支《し》でも「子どもたちと野球がしたい」と久保田《くぼた》先生は考えた。

青鳥特支《せいちょうとくし》には野球部がなかったが、さまざまな球技《きゅうぎ》に取りくむ「球《きゅう》技部《ぎぶ》」という部活がもともとあった。久保田《くぼた》先生は球技部《きゅうぎぶ》の顧問《こもん》になり、活動の中心に野球をすえることにした。「生徒《せいと》の自主性《じしゅせい》を大事にしたい」と考え、先生から生徒《せいと》に対して、入部を強くすすめるようなことはしなかった。「野球をやってみたい！」と言ってきた生徒《せいと》たちを受けいれるのが、基本的《きほんてき》なスタンスなのだ。

ただ、そんな中でも、久保田《くぼた》先生はある男子生徒《せいと》にはねばりづよく声をかけつづけていた。その生徒《せいと》はがっしりとした体格《たいかく》をしているし、少しだけ野球をやらせてみるといい動きを見せていたからだ。

久保田《くぼた》先生が「野球どうだ？」とたずねては、生徒《せいと》が「いやいや、俺《おれ》はいいですよ」と断《ことわ》る。そんなことが何度かつづいた。

ところが２０２２年３月、久保田《くぼた》先生が青鳥特支《せいちょうとくし》に来て１年がたとうとしていたころのことだ。その生徒《せいと》がついにうなずいた。

「俺《おれ》、野球やりたいです」

そう言って球技部《きゅうぎぶ》に入ってきたのが、当時１年生の山口大河《やまぐちたいが》くんだった。

山口《やまぐち》大河《たいが》くん――第1期生の挑戦《ちょうせん》

青鳥特支《せいちょうとくし》のほとんどの生徒《せいと》は、知的障《ちてきしょう》がいがあるという認定《にんてい》を受けている。ただ、その程度《ていど》にはかなりの個人差《こじんさ》がある。

山口《やまぐち》くんは一見すると、普通《ふつう》の高校生と何らちがったところはない。支障《ししょう》なく会話ができるし、体にもめだって不自由《ふじゆう》なところがあるわけではない。障《しょう》がいは軽度だと思われるが、時折《ときおり》、感情《かんじょう》をコントロールすることがむずかしくなる。そうした傾向《けいこう》は幼《おさな》いころからあったそうだ。

母親が押《お》すベビーカーから勝手に降《お》りてどこかに行こうとしたり、ベランダにあるエアコンの室外機《しつがいき》に乗って大笑《おおわら》いしたり、家の中の階段《かいだん》を走って上り下りしつづけたり……。

山口《やまぐち》くんは昔のことを振《ふ》りかえりながら、苦笑《にがわら》いを見せる。

山口大河《やまぐちたいが》くん（左）。青鳥特別支援学校《せいちょうとくべつしえんがっこう》で、最初《さいしょ》に硬式《こうしき》野球をはじめたメンバーのひとりだ。

「今になってみるとバカなことをやってたなって思うんですけど、当時は本当に情緒不安定《じょうちょふあんてい》でした」

とくに、怒《いか》りの感情《かんじょう》に歯止めがかからなかった。小学校に通いだしてからは、よくケンカをするようになった。

「ダサい」と言われても、「かわいい」と言われても、怒《いか》りのスイッチが入った。とにかく自分に理解《りかい》できないことがおきたとき、怒《おこ》ってあばれてしまうのだった。

怒《おこ》りっぽさからトラブルをおこす

することが多かった山口《やまぐち》くん。中学校へ進学すると、特別支援学級《とくべつしえんがっきゅう》に入ることになった。特別支援学級《とくべつしえんがっきゅう》とは、軽度の障《しょう》がいがある子どもたちに向けて用意される少人数のクラスのことだ。先生らのサポートもあり、山口《やまぐち》くんは成長《せいちょう》とともに、小学生のころよりもだいぶ感情《かんじょう》をコントロールできるようになった。

このころは、家の中でゲームなどをしながら過《す》ごすことのほうが多く、外に出て運動をすることはそれほど好《す》きではなかった。

その後、青鳥特支《せいちょうとくし》に進学することになったが、1年生のときの山口《やまぐち》くんはあまり元気がなく、校内でもめだつ存在《そんざい》ではなかった。

その理由のひとつは、中学3年生のころにある。

山口《やまぐち》くんが中3になった2020年の春は、新型《しんがた》コロナウイルスに感染《かんせん》する人がたくさん出はじめた時期であり、学校が休校になる期間も長かった。

クラスメイトのみんなにあまり会えなくなり、新しく担任《たんにん》になった先生にもなじめないところがあったという。山口《やまぐち》くんはふさぎがちになり、学校に遅刻《ちこく》することが多くなった。最後《さいご》はなんとか明るく登校したが、気持ちが晴れない状態《じょうたい》を引きずったまま、青鳥特支《せいちょうとくし》に入学した。

中学まではひとつの学校の中に通常学級《つうじょうがっきゅう》と特別支援学級《とくべつしえんがっきゅう》の両方があったが、青鳥特支《せいちょうとくし》の生徒《せいと》にはほぼ全員に知的障《ちてきしょう》がいがある。そうした学校に通うのは、山口《やまぐち》くんにとってははじめての経験《けいけん》であり、心への負担《ふたん》は大きかった。

「この学校でうまくやっていけるのかな……」

不安《ふあん》な思いをかかえていた山口《やまぐち》くんに、やがて転機《てんき》がおとずれる。

1年生のころ、同じクラスに、球技部《きゅうぎぶ》で野球をはじめた生徒《せいと》がいた。そのクラスメイトから「いっしょに野球やらない？」とさそわれたのだ。

さらに、球技部《きゅうぎぶ》の顧問《こもん》である久保田《くぼた》先生からも、顔を合わせるたびに声をかけられていた。最初《さいしょ》は乗り気ではなかったが、運動をすることへの意欲《いよく》が少しずつわくとともに、山口《やまぐち》くんの気持ちは野球のほうへとかたむいていく。

そして1年生としての日びが終わりに近づいてきた2022年3月、久保田《くぼた》先生にこう伝《つた》えた。

「先生！　俺《おれ》、野球やりたいです」

野球は、大きくわけると軟式《なんしき》野球と硬式《こうしき》野球の2種類《しゅるい》がある。ちがいは、ボールのかたさ。軟式用《なんしきよう》のボールでも、しっかりとしたかたさがあり、体に当たると痛《いた》いのだが、硬式用《こうしきよう》のボールはさらにかたい。それだけケガをしやすく、ボールが体に強く当たると骨折《こっせつ》することもある。青鳥特支《せいちょうとくし》の球技部《きゅうぎぶ》が取りくんでいるのは、硬式《こうしき》野球のほうだ。

山口《やまぐち》くんはまず、野球の基本《きほん》であるキャッチボールからはじめた。硬式用《こうしきよう》のボールにさわるのははじめてで、やはりこわかった。左右の視力差《しりょくさ》が大きいこともあり、とくにボールを捕《と》るのに苦戦《くせん》した。

ぎこちない動きで、捕《と》ったり投げたりをくりかえしていく。そのようすを注意深く見ていた久保田《くぼた》先生が、突然《とつぜん》、大きな声で言った。

「大河《たいが》、今の捕《と》り方はよかったぞ！　もう一回やってみよう！」

よいところを見つけてどんどんほめるのが、久保田《くぼた》先生の教え方だ。

ほめてもらえた山口《やまぐち》くん。少しずつ、感覚《かんかく》をつかみはじめる。

「なるほど！　こんな感じでキャッチすればいいんだな」

回数を重ねるごとに自分が上達《じょうたつ》していることがわかった。いつの間にか、かたいボールに対するこわさは消えていた。野球をする楽しさのほうがまさっていたのだ。

硬式用《こうしきよう》のボール。硬式《こうしき》野球はプロと同じかたいボールを使用する。石のようにかたいため、軟式用《なんしきよう》のボールより危険性《きけんせい》が高い。

バッティング練習中の山口《やまぐち》くん。久保田《くぼた》先生が見こんだ通り、山口《やまぐち》くんは力強い打球を飛《と》ばすことができた。

久保田《くぼた》先生が見ぬいた通り、山口《やまぐち》くんは力が強く、バッティング練習では打球を遠くに飛《と》ばした。遠くに飛《と》べば飛《と》ぶほど、それがまた山口《やまぐち》くんの自信《じしん》につながった。

放課後《ほうかご》になるとグラウンドに出て、野球の練習に明けくれる。そんな日びを過《す》ごすうち、山口《やまぐち》くんに変化《へんか》があらわれはじめたことを、久保田《くぼた》先生ははっきりと感じとっていた。

「最初《さいしょ》は野球をやることに対し

ても不安《ふあん》な思いがあったようだけど、ひとつずつステップアップしながら、だんだんと自信《じしん》をつけてきたな。元気に声が出せるようになったし、表情《ひょうじょう》がゆたかになってきた」

山口《やまぐち》くん自身も、そのことに気づいていた。

「野球をはじめたことで、自分はすごく変《か》わった。体を動かしているだけで、こんなに楽しいなんて。俺《おれ》、なんで今までこんなに暗かったんだろう？」

もともとは何事に対してもあきらめが早すぎるところがあったが、それも野球をはじめてから変《か》わった。練習すればするほど、だんだんうまくなっていくと実感できたからだ。

野球に出会ったことで前向きな気持ちを取りもどし、山口《やまぐち》くんは2年生に進級した。

それと同時に、青鳥特支《せいちょうとくし》の球技部《きゅうぎぶ》に新たな仲間《なかま》が加《くわ》わった。2022年の春に入学した新入生の中から、2人の生徒《せいと》が入部してきたのだ。

白子《しらこ》悠樹《ゆうき》くん ——念願《ねんがん》だった〝野球部員〟

新入部員のひとり、白子悠樹《しらこゆうき》くんは大の野球好《ず》きだ。5歳《さい》くらいのころ、親に連《つ》れられ、プロ野球・東京ヤクルトスワローズの試合《しあい》を生で観戦《かんせん》したことが野球との出会いだった。

それから「自分でも野球をやってみたい！」という気持ちがめばえたが、青鳥特支《せいちょうとくし》に入るまで、白子《しらこ》くん自身が野球をすることはなかった。

白子《しらこ》くんは、生まれた直後から足に変形《へんけい》の症状《しょうじょう》が見られた。くわしく調べてみると、「シャルコー・マリー・トゥース病」とよばれる難病《なんびょう》であることがわかった。手足の先のほうの筋力《きんりょく》や感覚《かんかく》がゆっくりと低下《ていか》していくことがおもな症状《しょうじょう》で、今のところ明確《めいかく》な治療法《ちりょうほう》は見つかっていない。

白子悠樹《しらこゆうき》くん。野球への情熱《じょうねつ》と知識《ちしき》はチームでもいちばん。

白子《しらこ》くんもやはり手足の筋力《きんりょく》が人より弱い。また、病気の影響《えいきょう》で、手足以《い》外《がい》にも筋肉《きんにく》の変形《へんけい》が見られることから、ずんぐりとした独特《どくとく》な体形をしている。そのため体を自由に動かすことがむずかしく、すばやい動きをするのも苦手だ。

定期的《ていきてき》に病院に通っているが、検査《けんさ》のたびに筋力《きんりょく》などの数値《すうち》が悪くなっていくため、白子《しらこ》くんの両親は、担当《たんとう》の医師《いし》からこんなふうに言われてきた。

「このままでは、いつかは歩けなくなって、車いす生活になるかもしれない。覚悟《かくご》をしておくように」

そうした障《しょう》がいがあるせいか、幼《おさな》いころの白子《しらこ》くんは決して前に出たがらず、だれかの背後《はいご》にすっとかくれることが多かった。

そんな白子《しらこ》くんが、野球の話になったときは目を輝《かがや》かせた。

白子《しらこ》くんの父・修《おさむ》さんが言う。

「悠樹《ゆうき》は、ヤクルトの本拠地《ほんきょち》・神宮《じんぐう》球場に試合《しあい》を見に行ったときから野球が大《だい》好《す》きになりましてね。実を言うとぼくはもともと阪神《はんしん》タイガースのファンだったんですけど、気がつけば悠樹《ゆうき》といっしょになってヤクルトを応援《おうえん》するようになりました。観戦《かんせん》には何度も行きましたよ」

白子《しらこ》くんの野球への意欲《いよく》はとても強く、小学校に入る前からグローブやバットをねだっては親をこまらせていた。野球のルールも、かなり細かいところまでおぼえていた。

親としてもその気持ちにこたえたいと考え、白子《しらこ》くんが小学生になると、地《ち》域《いき》の少年野球チームに入れてもらおうと考えるようになった。

あるとき、修《おさむ》さんは少年野球チームに電話をかけてみた。

「もしもし。うちの息子《むすこ》をそちらのチームに入れてもらえないでしょうか。障《しょう》がいのある子どもなんですが、それでも大丈夫《だいじょうぶ》でしょうか？」

電話の相手は、少しとまどったような口調で、こう返事をした。

「あの……息子《むすこ》さんにチームに加《くわ》わっていただきたい気持ちはあるのですが、安全のことを考えると、障《しょう》がいがある子どもさんを受けいれるのはむずかしいんです。申《もう》し訳《わけ》ありません」

中学生になると、今度は中学校の軟式《なんしき》野球部に入ろうと考えたが、その願《ねが》いもかなわなかった。

学校側《がわ》からは、こんな話があったという。

「部活動は、通常学級《つうじょうがっきゅう》の生徒《せいと》が参加《さんか》することを前提《ぜんてい》としておりますので……。特別支援学級《とくべつしえんがっきゅう》の生徒《せいと》の参加《さんか》は許可《きょか》できません」

安全のために、少年野球チームや中学校がそうした判断《はんだん》をしたのは仕方のないことだったかもしれない。だが、白子《しらこ》くんとしては、やるせない気持ちがつのるばかりだった。

やがて、野球に関《かん》しては「どうせ障《しょう》がいを理由にやらせてもらえないんだろう」というあきらめの気持ちが強くなっていった。結局《けっきょく》、中学では百人一首クラブに入った。

白子《しらこ》くんは、学校では自然《しぜん》と友だちにかこまれていた。あまり人前に出たがらない性格《せいかく》だが、その一方で、独特《どくとく》の愛《あい》きょうがあり、親しみやすいキャラクターなのだ。特別支援学級《とくべつしえんがっきゅう》の子どもたちだけでなく、通常学級《つうじょうがっきゅう》の子どもたちともよくいっしょに遊んだ。修《おさむ》さんが不思議《ふしぎ》がるほど、周囲《しゅうい》の人たちからとてもたよられる存在《そんざい》だった。

青鳥特支《せいちょうとくし》に進学しようと考えたのは「自宅《じたく》から比較的《ひかくてき》近く、通いやすいから」

というのがおもな理由だった。

入学を申しこむ前の事前相談に行ったとき、そこではじめて、青鳥特支《せいちょうとくし》で野球ができると知った。学校の人から、こんな話をされたのだ。

「青鳥《せいちょう》には球技部《きゅうぎぶ》という部活があって、そこでは硬式《こうしき》野球をがんばっているんですよ」

それを聞いた白子《しらこ》くんはとてもおどろき、同時によろこんだ。

「青鳥《せいちょう》に行けば野球ができるんだ！　入学したら絶対《ぜったい》に球技部《きゅうぎぶ》に入ろう！」

ずっと野球がしたかったのに、参加《さんか》させてくれるチームがどうしても見つからなかった白子《しらこ》くん。そんな彼《かれ》が、久保田《くぼた》先生のもと野球に挑戦《ちょうせん》しはじめた青《せい》鳥特支《ちょうとくし》とめぐりあえたのは、幸運というほかなかった。

入学するなり、白子《しらこ》くんは一切のまよいなく球技部《きゅうぎぶ》に入部。球技部《きゅうぎぶ》は、硬式《こうしき》野球に取りくむグループとティーボールに取りくむグループにわかれており、白子《しらこ》くんは、まずはティーボールに取りくみはじめた。

バッティングティーを使って練習する白子《しらこ》くん。グラウンドがせまい青鳥《せいちょう》特支《とくし》では、こうしたティーバッティングで打撃《だげき》をきたえている。

ティーボールとは、かんたんに言うと、投手のいない野球だ。打者はバッティングティーという台の上に固定《こてい》されたボールを打ってから、一塁《いちるい》へと走る。だれにでも取りくみやすいようにくふうされており、硬式《こうしき》球《きゅう》ではなくやわらかいボールが使われることが多い。

ティーボールをはじめてからしばらくすると、久保田《くぼた》先生から、ある提案《ていあん》があった。

「今度、『甲子園夢《こうしえんゆめ》プロジェクト』の練習会がある。もし興味《きょうみ》があるなら、そこに参加《さんか》してみてはどうか」

せっかくだし、試《ため》しに行ってみようか――。白子《しらこ》くん親子は、それくらいのかるい気持ちで練習会に参加《さんか》してみることにした。

当日、会場になっている球場には、夢《ゆめ》プロジェクトのメンバーが全国から集まっていた。そこに交じって、白子《しらこ》くんも練習に参加《さんか》することに。それまでやってきたティーボールとはちがい、硬式球《こうしききゅう》を使った本格的《ほんかくてき》な野球だ。

練習はキャッチボールからはじまったが、かたいボールが体にぶつかるこわさもあり、まったく思うように捕《と》れなかった。うしろにそらしたボールを、何度も追いかけていく。

修《おさむ》さんは最初《さいしょ》、そんな息子《むすこ》のようすを見つめながら「やっぱり捕《と》れないよなあ」と苦笑《にがわら》いしていた。ところが、練習が進むうち、徐《じょ》じょに身を乗りだしていく。

「あれ？　どんどんうまくなってるぞ。だいぶ球も捕《と》れるようになってきた。

たった一回の練習でこんなに成長《せいちょう》するのか？」

修《おさむ》さんの視線《しせん》の先にいた白子《しらこ》くんは、きっとつかれているはずなのに、練習のあいだ、ずっと笑顔《えがお》だった。

夢《ゆめ》プロジェクトの練習会に参加《さんか》したことで、白子《しらこ》くんの野球熱《ねつ》はいちだんと高まった。その後、青鳥特支《せいちょうとくし》の部活でも、ティーボールに加《くわ》えて硬式《こうしき》野球にも取りくむようになった。


野球をはじめてから、意外なことがおきた。定期的《ていきてき》に受ける病気の検査《けんさ》の結果《けっか》に、変化《へんか》があらわれはじめたのだ。

それまでは、検査《けんさ》のたびに、足の変形《へんけい》の度合いは悪化していたし、筋力《きんりょく》も弱くなっていた。ところが、野球をはじめてからの検査《けんさ》で、変形《へんけい》や筋力低下《きんりょくていか》の進行がはじめて止まった。

担当《たんとう》の医師《いし》からは、こんな話があったそうだ。

「運動をしているのが、よい結果《けっか》につながっているのかもしれないね」

白子《しらこ》くんの気持ちも、これまでになく前向きになっていた。

「やりたかったことがやれるって、すごく楽しい。それに、前よりも足が速くなったような気がするんだよな。筋肉《きんにく》がついてきたおかげなのかな」

大好《だいす》きな野球ができる環境《かんきょう》との出会いが、白子《しらこ》くんの中で不思議《ふしぎ》な力を生んでいた。

首藤理仁《しゅどうりひと》くん ——野球が生んだ変化《へんか》

2022年の春、白子《しらこ》くんと同時に青鳥特支《せいちょうとくし》に入学したのが首藤理仁《しゅどうりひと》くんだ。ただ、球技部《きゅうぎぶ》に入るまでのいきさつは、白子《しらこ》くんとはだいぶちがっている。

首藤《しゅどう》くんは、自分が考えていることを言葉にするのが苦手だ。友だち同士《どうし》では会話を楽しんでいるようすが見られるが、インタビューのようなかたちになると受け答えするのがむずかしい。そのため、この本を書くに当たっては、首《しゅ》藤《どう》くんの母・裕子《ひろこ》さんのお話もじっくりと聞いた。

首藤《しゅどう》くんは3人きょうだいの末《すえ》っ子《こ》として生まれた。2歳《さい》を過《す》ぎてもなかなか言葉を発することがなく、やがて、知的障《ちてきしょう》がいがあることがわかった。小学校では、最初《さいしょ》から特別支援学級《とくべつしえんがっきゅう》に入ることになった。

普段《ふだん》は明るく元気で、やさしい子どもだったが、自分の思い通りにできないことがあると、感情《かんじょう》をうまくコントロールすることができず、怒《おこ》ってあばれるようなこともあった。

とくに苦手なのが、勉強。問題を解《と》こうとしても、やり方がわからず手が止まってしまい、にっちもさっちもいかない状態《じょうたい》に追いつめられる。そういうとき、いらいらが爆発《ばくはつ》してしまうのだった。

成長《せいちょう》するにつれて少しずつ話せるようになったものの、話を組みたてたり理《り》解《かい》したりするのはまだまだ苦手だ。たとえば「おくすり」という言葉を耳で聞いて、それを自分で言おうとすると「おつくり」になるような感じで、頭の中で言葉をならびかえることなどがむずかしいようだ。

ただ、勉強以外《いがい》のことであれば、何に対しても意欲的《いよくてき》だった。首藤《しゅどう》くんには8歳上《さいうえ》の姉と2歳上《さいうえ》の兄がいるが、魚釣《さかなつ》りに行ったりプールに泳ぎに行ったり、きょうだいといっしょにいろいろなことをして遊んだ。

体を動かすことが好《す》きだった。言葉や勉強の面では同年代の子どもにくらべておくれがめだっていたが、体力や運動能力《のうりょく》の面では、ほかの子どもたちとほとんどちがいがなかった。徒競走《ときょうそう》では通常学級《つうじょうがっきゅう》の子どもと楽しくきそいあっていたし、球技《きゅうぎ》も得意《とくい》なほうだった。

ボールのあつかいが上手で、球技《きゅうぎ》で使うたいていのボールは自然《しぜん》とうまく投げることができた。ラケットなども使いこなし、小学校では先生といっしょによくバドミントンをしていた。習い事としてテニス教室にも通うようになった。

首藤理仁《しゅどうりひと》くん。運動能力《のうりょく》が高く、チームの中でもボールのあつかいがいちばん上手だ。

テニスに関《かん》しては、野球をはじめた今も、週に一度のレッスンに欠《か》かさず通っている。

そんな首藤《しゅどう》くんのすがたを見て、裕子《ひろこ》さんは思う。

「あまり苦手さを感じずにできることが、楽しさにつながっているのかな」

小学校高学年のころ、首藤《しゅどう》くんは「パラリンピック選手発掘《せんしゅはっくつ》プログラム」というイベントに参加《さんか》した。障《しょう》がいのある人たちにいろいろなスポーツを体験《たいけん》してもらいながら、競技《きょうぎ》ごとに素質《そしつ》のある参加者《さんかしゃ》、将来的《しょうらいてき》にパラリンピック出場をめざせるような〝金の卵《たまご》〟をさがしだすことを目的《もくてき》としたもよおしだ。

そのとき首藤《しゅどう》くんは、卓球《たっきゅう》の指導者《しどうしゃ》に声をかけられた。

「うちで卓球《たっきゅう》教室をやっているから、もしやりたかったら遊びに来ない？」

その指導者《しどうしゃ》は、首藤《しゅどう》くんを選手《せんしゅ》として育てたいと考えていたわけではなく、気軽に卓球《たっきゅう》を楽しめる場所を提供《ていきょう》したい、という思いから声をかけたようだ。

首藤《しゅどう》くんはそのさそいに応《おう》じ、障《しょう》がい者《しゃ》向けの卓球《たっきゅう》教室に参加《さんか》するようになった。そうして卓球《たっきゅう》という競技《きょうぎ》がだんだんと好《す》きになっていった。

中学校でも卓球部《たっきゅうぶ》に入部。ほかの部員はみんな通常学級《つうじょうがっきゅう》の生徒《せいと》たちだったが、知的障《ちてきしょう》がいのある首藤《しゅどう》くんも受けいれてもらえた。

高校でも卓球《たっきゅう》がしたいと考えていたが、進学した青鳥特支《せいちょうとくし》には、卓球《たっきゅう》ができる部活はない。「体を動かすことができるなら」と、球技部《きゅうぎぶ》に入った。ただ、首藤《しゅどう》くんは野球をやったことがなく、興味《きょうみ》もなかった。ほかに選択肢《せんたくし》がなかったから仕方なく入部した、という感じだったようだ。

これについて首藤《しゅどう》くん本人に確《たし》かめてみると、短くひと言、ズバッと答えてくれた。

「(球技部《きゅうぎぶ》に入った理由は)とくにないです」

やる気満まんというわけではなかったが、ボールのあつかいが上手な首藤《しゅどう》くんは、野球の動きにもすぐになじんだ。

父親が昔使っていたグローブを持って学校に行き、久保田《くぼた》先生とキャッチボールをした。グローブは軟式用《なんしきよう》で、ボールは硬式球《こうしききゅう》。バチン!　とボールを捕《と》ると、てのひらに痛《いた》みが走ってもおかしくないのだが、首藤《しゅどう》くんはまったく気にしない。「大丈夫《だいじょうぶ》!」と言って、勢《いきお》いよくボールを投げかえした。

その後、久保田《くぼた》先生から夢《ゆめ》プロジェクトの練習会にさそわれ、白子《しらこ》くんといっしょに参加《さんか》。夢《ゆめ》プロジェクトには野球がかなり上手なメンバーもいたが、首藤《しゅどう》くんは引けを取らない動きを見せた。

首藤《しゅどう》くんの心が野球に引きよせられていくのを、裕子《ひろこ》さんは感じていた。

「それなりに上手にできて、うれしかったんだろうな。卓球《たっきゅう》ができなくて最初《さいしょ》はちょっと不本意《ふほんい》そうだったけれど、理仁《りひと》は切りかえが早い子だし、あっという間に野球も大好《だいす》きになった。久保田《くぼた》先生の熱意《ねつい》にも引っぱられて、どんどん野球にのめりこんでいってる」

首藤《しゅどう》くんが野球をはじめる前、裕子《ひろこ》さんは「理仁《りひと》はチームスポーツに不向《ふむ》きだろう」と決めつけていたところがあった。

チームメイトとうまくつきあえるだろうか。ルールをおぼえられず、そのせいで仲間《なかま》に迷惑《めいわく》をかけてしまうのではないか。そんなふうに不安《ふあん》に思っていたのだ。

でも実際《じっさい》に野球をやってみると、さほど大きな問題はおきなかった。たしかに野球のルールは複雑《ふくざつ》だが、首藤《しゅどう》くんは練習と確認《かくにん》を何度もくりかえすことで、自分のプレーに必要《ひつよう》なルールを少しずつおぼえていった。

裕子《ひろこ》さんをさらにおどろかせたのは、首藤《しゅどう》くんの声だ。

ある日、練習がはじまるときのこと。グラウンドに入ろうとしていた首藤《しゅどう》くんがいったん足を止め、大きな声でこう言った。

「お願《ねが》いします！」

どこの野球部でも日常的《にちじょうてき》に見られる光景《こうけい》だが、裕子《ひろこ》さんにとってはとても新鮮《しんせん》で、衝撃的《しょうげきてき》でさえあった。そんなようすの首藤《しゅどう》くんを目にするのははじめてだったからだ。

「理仁《りひと》は、どういうタイミングであいさつをすればよいのか、どんなふうに返事をすればよいのかということも、あまりわかっていないみたい。わからないから、本当は何かを言いたくても、人前ではついだまりこんでしまう。そんな理仁《りひと》が『お願《ねが》いします！』と大きな声で言っている。あんなに大きな声、怒《おこ》ってあばれているときにしか聞いたことがなかったのに……」

元気な声であいさつをする首藤《しゅどう》くんを見ていると、裕子《ひろこ》さんの目に涙《なみだ》がぶわっとこみあげてくるのだった。

山口《やまぐち》くんをさそったクラスメイトが球技部《きゅうぎぶ》からはなれることになったため、2022年度のおもな部員は、2年生の山口《やまぐち》くんと、1年生の白子《しらこ》くん、首藤《しゅどう》くんの計3人（ティーボールに取りくむグループはのぞく）。野球チームを組むには最低《さいてい》でも9人が必要《ひつよう》だが、彼《かれ》らにとってそんなことはあまり重要《じゅうよう》ではなかった。

仲間《なかま》たちといっしょに野球ができる。そのことが、ただただ楽しかった。

第2章

高《こう》野《や》連《れん》に加《か》盟《めい》する!

新品のグローブ

「高校野球に挑戦《ちょうせん》するなら、今しかない」

そんな思いで、久保田《くぼた》先生は「甲子園夢《こうしえんゆめ》プロジェクト」をスタートさせ、また青鳥特支《せいちょうとくし》でも子どもたちに野球を教えはじめた。

ただし、それだけで本当に「高校野球に挑戦《ちょうせん》している」とは言いきれないところがあった。

一般《いっぱん》に、男子の硬式《こうしき》野球部がある高校は、各都道府県《かくとどうふけん》の高等学校野球連盟《れんめい》（高野連《こうやれん》）という組織《そしき》に加盟《かめい》している。各高野連《かくこうやれん》は大会を開催《かいさい》し、その大会には加盟校《かめいこう》だけが参加《さんか》できる。そこで好成績《こうせいせき》をおさめると、より大きな大会に出場することができる。

東京都では、東京都高等学校野球連盟《れんめい》（都高野連《とこうやれん》）が、年に何度か大会を開《かい》催《さい》する。中でも大事なのが、秋と夏の大会だ。

秋は、まず都大会が開催《かいさい》され、そこで上位《じょうい》に入ると、関東《かんとう》大会に出場できるしくみ。都大会やその先の関東《かんとう》大会でもよい成績《せいせき》をおさめることができれば、翌年《よくねん》の春、阪神甲子園《はんしんこうしえん》球場でおこなわれる全国大会（いわゆる「春の甲子園《こうしえん》」）に出場するチャンスが出てくる。

夏は、東東京と西東京の2ブロックに分かれて都大会が開催《かいさい》される。各《かく》ブロックで優勝《ゆうしょう》した高校は、その直後に開催《かいさい》される全国大会（いわゆる「夏の甲《こう》子園《しえん》」）に出場することができる。

青鳥特支《せいちょうとくし》は都高野連《とこうやれん》に加盟《かめい》しておらず、大会に参加《さんか》する資格《しかく》を持っていなかった。それはつまり、野球に取りくむ高校生たちにとってあこがれの舞台《ぶたい》である甲子園《こうしえん》に、挑戦《ちょうせん》することすらできないということだ。

久保田《くぼた》先生は、教員をめざしていたときから「いつか教え子たちと甲子園《こうしえん》に出場したい！」という夢《ゆめ》を持っていた。だから、青鳥特支《せいちょうとくし》でも野球を教えるからには「うちも高野連《こうやれん》に加盟《かめい》したい」と思ってはいた。

ただ、現実《げんじつ》問題として考えると、そんな思いはどうしてもかすんでいくのだった。

「今は、部員が3人しかいない。その全員が高校に入ってから野球をはじめた初心者《しょしんしゃ》で、実力もついていない。高野連《こうやれん》への加盟《かめい》を考えるのは、さすがにまだ早すぎるだろう……」

そもそも、特別支援学校《とくべつしえんがっこう》が加盟《かめい》をみとめてもらえるのかどうかも、わからなかった。

ふんぎりがつかないまま練習をつづけていた、ある日のこと。

練習がはじまる前、グラウンドの片隅《かたすみ》に置《お》かれたベンチに、白子《しらこ》くんがすわっていた。手に持った何かを、しげしげと見つめている。そこに久保田《くぼた》先生は歩みより、声をかけた。

「白子《しらこ》、どうした。何やってるんだ」

久保田《くぼた》先生からの問いかけに、顔を上げた白子《しらこ》くん。ちょっと自慢《じまん》げな表情《ひょうじょう》をうかべて答えた。

「これ、買ったんです。ちゃんと野球やりたいんで」

白子《しらこ》くんの手にしっかりとにぎられていたのは、真新しいグローブだった。有名なメーカーのラベルがついた本格的《ほんかくてき》なグローブで、安いものでないことはひと目でわかった。

久保田《くぼた》先生は「親にたのんで買ってもらったのでしょう」と話していたが、真相はちがう。白子《しらこ》くんの父・修《おさむ》さんが教えてくれた。

「あのグローブは、悠樹《ゆうき》が自分の小づかいをはたいて買ったものなんですよ。わたしもいっしょにスポーツ用品店に行って、グローブえらびにつきあいました。値段《ねだん》は4～5万円くらいはしたのかな。中学のときは外に遊びに行くことが少なかったので、小づかいもけっこう貯《た》まっていたみたいで、それをここぞとばかりにつぎこんだんです」

「やっと野球ができる！」という白子《しらこ》くんのよろこびが、その新品のグローブにはつまっていた。

なめらかな革《かわ》のグローブをうれしそうに手にする白子《しらこ》くんのすがたに、久保《くぼ》田《た》先生は心をゆさぶられた。

「高野連《こうやれん》に加盟《かめい》したい思いはあっても、それまでは不安《ふあん》もあった。もちろん技《ぎ》術《じゅつ》の問題もあるけど、いちばんは気持ちの部分。もし高野連《こうやれん》に加盟《かめい》して大会に出るとなれば、障《しょう》がい者《しゃ》だからといって特別《とくべつ》あつかいされることはないし、あくまで正々堂々《せいせいどうどう》と勝負することになる。そういう舞台《ぶたい》で野球をするためには、もっともっと本格的《ほんかくてき》な練習をしなければいけない。そうなったとき、わたしがいくらやる気になっても、子どもたちの気持ちがついてくるかどうか……。指《し》導者《どうしゃ》と選手《せんしゅ》の気持ちがバラバラになってしまうのがいちばんよくない」

だが、白子《しらこ》くんのグローブを見たとき、久保田《くぼた》先生は決めたのだ。

「こんなにも高校野球をやりたがっている生徒《せいと》がいる。それなら、その気持ちに大人がこたえなきゃいけない。白《しら》子《こ》は技術的《ぎじゅってき》にはいちばんつたないけど、うまい・ヘタは関係《かんけい》ないんだ。あのグローブで気持ちを示《しめ》してくれたことがすべて。どんなに苦労《くろう》しようと、高野連《こうやれん》への加盟《かめい》を実現《じつげん》させなければ――」

同じころ、「甲子園夢《こうしえんゆめ》プロジェクト」のほうでも、久保田《くぼた》先生にとって忘《わす》れることのできない出来事があった。

夢《ゆめ》プロジェクトの参加者《さんかしゃ》のひとり

白子《しらこ》くんのグローブが、久保田《くぼた》先生の高野連加盟《こうやれんかめい》への挑戦《ちょうせん》の大きな後《あと》押《お》しになった。

に、林龍之介《はやしりゅうのすけ》くんという生徒《せいと》がいた。メンバーの多くが「野球の練習ができるだけでうれしい」と言っていたが、その中で林《はやし》くんは、高校野球の試合《しあい》に出ることへの意欲《いよく》がひときわ強かった。

林《はやし》くんが通っていたのは、愛知県《あいちけん》にある豊川特別支援学校《とよかわとくべつしえんがっこう》。2022年の時点で、林《はやし》くんは3年生だった。

高校野球の公式戦《こうしきせん》に出場できるとすれば、その年の夏の愛知県《あいちけん》大会が最後《さいご》のチャンスとなるが、林《はやし》くんが通っていた特別支援学校《とくべつしえんがっこう》もやはり愛知県高野連《あいちけんこうやれん》には加盟《かめい》していなかった。どうにかして加盟《かめい》を果《は》たさない限《かぎ》り、林《はやし》くんの高校生活は公式戦《こうしきせん》に出場できないままで終わってしまう……。

実は、久保田《くぼた》先生が夢《ゆめ》プロジェクトの会見を開いたとき、真っ先に電話をかけてきたのが林《はやし》くんの母親だった。東京近辺《きんぺん》でおこなわれる練習会にも、林《はやし》くんはそのたびに愛知県《あいちけん》からやってきて参加《さんか》してくれた。

常《つね》づね、「どうしても試合《しあい》に出たい！」と話していた林《はやし》くん。その願《ねが》いをか

林龍之介《はやしりゅうのすけ》くんと久保田《くぼた》先生。

なえるために、最後《さいご》の夏に向けて、林《はやし》くんの両親は必死《ひっし》にかけまわっていた。

高野連《こうやれん》に加盟《かめい》するには、まず学校から高野連《こうやれん》に申請《しんせい》をしなければいけないが、学校側《がわ》ははじめのころ、申《しん》請《せい》に対してあまり積極的《せっきょくてき》ではなかったという。しびれを切らした林《はやし》くんの父親は、学校をおとずれ、校長先生に直談判《じかだんぱん》。ねばりづよくうったえた結果《けっか》、学校は申請《しんせい》に向けて動きだし、無事《ぶじ》に県高野連《けんこうやれん》から加盟《かめい》をみとめてもらうことができた。

2022年7月15日、久保田《くぼた》先生は、愛知県《あいちけん》まではるばる出かけていった。その日おこなわれる愛知県《あいちけん》大会の試合《しあい》に、林《はやし》くんが所属《しょぞく》するチームが出場するからだ。

豊川特別支援学校《とよかわとくべつしえんがっこう》の選手《せんしゅ》は林《はやし》くんひとりだけなので、大会には、複数《ふくすう》の高校といっしょになって「連合《れんごう》チーム」として参加《さんか》した。

試合《しあい》はとちゅうまで接戦《せっせん》だったが、6回表、連合《れんごう》チームは一挙《いっきょ》に10点を失《うしな》う。このときのスコアは15対4。10点以上《いじょう》の差《さ》をつけられたチームはコールド負けになるというルールがあるため、連合《れんごう》チームは2点以上《いじょう》を取りかえさないと自《じ》動的《どうてき》に負けとなってしまう。

土俵際《どひょうぎわ》まで追いつめられた、連合《れんごう》チーム。6回裏《うら》の攻撃《こうげき》も走者を出せないまま2アウトとなったところで、まだ試合《しあい》に出ていなかった林《はやし》くんの名前がよばれた。

〝代打・林龍之介《はやしりゅうのすけ》くん――〟

林《はやし》くんは「甲子園夢《こうしえんゆめ》プロジェクト」出身の選手《せんしゅ》としてはじめて、甲子園《こうしえん》の予選《よせん》に出場した。

場内にひびきわたるアナウンスを耳にして、久保田《くぼた》先生の胸《むね》はいっぱいになった。

「龍之介《りゅうのすけ》本人はもちろんのこと、ご両親のがんばりやいろいろな関係者《かんけいしゃ》の協力《きょうりょく》もあって、ついに龍之介《りゅうのすけ》が高校野球の舞台《ぶたい》に立てた。わたし自身も、こうして龍之介《りゅうのすけ》の晴れ舞台《ぶたい》を見届《みとど》けることができて、本当によかった」

久保田《くぼた》先生は、全身にふるえがくるような感覚《かんかく》を味わいながら、林《はやし》くんの打席《だせき》を見つめた。

知的障《ちてきしょう》がい者《しゃ》でも高校野球の舞台《ぶたい》に立つことができると示《しめ》した一打席《いちだせき》。結果《けっか》は見逃《みのが》し三振《さんしん》だったけれど、とても大きな意味のある打席《だせき》だった。

林《はやし》くんは試合後《しあいご》の取材《しゅざい》に対して、「障《しょう》がいがあるかないかに関係《かんけい》なく、みんながこの場に立つことができてほしい」（中日《ちゅうにち》新聞）というコメントを残《のこ》している。

その言葉はまるで、高野連《こうやれん》への加盟《かめい》に向けて動きだそうとしていた久保田《くぼた》先生の背中《せなか》を押《お》しているかのようだった。

待ちに待った知らせ

2022年の秋、久保田《くぼた》先生は、都高野連《とこうやれん》への加盟《かめい》に向けて本格的《ほんかくてき》に動きだした。

学校が高野連《こうやれん》への申請《しんせい》をおこなうので、まずは学校の理解《りかい》と協力《きょうりょく》を得《え》なければばいけない。もし校長先生がオーケーを出してくれなかったら、この話はいきなりつまずいてしまうのだ。

「『高野連《こうやれん》に加盟《かめい》したい』なんて言ったら、校長はどんな反応《はんのう》をするだろうか……」

そんな心配をしながら、校長室のドアをノックした。

青鳥特支《せいちょうとくし》の諏訪肇《すわはじめ》校長（当時）は、久保田《くぼた》先生の話をひと通り聞きおえると、深くうなずいた。

「いいんじゃないでしょうか。やってみましょう！」

拍子抜《ひょうしぬ》けするほどあっさりと、第一関門《かんもん》はクリアできた。次のステップは、都高野連《とこうやれん》への相談だ。

12月のある日、久保田《くぼた》先生は都高野連《とこうやれん》に連絡《れんらく》を入れ、加盟《かめい》したいということを伝《つた》えた。

だが、そこから話はなかなか進まなかった。電話口で話を聞いてくれるのだが、その後の連絡《れんらく》はなく、都高野連《とこうやれん》の中でどのような話しあいがおこなわれているのかはまったくわからなかった。

具体的《ぐたいてき》な動きがあるようには感じられないままに時間だけが過《す》ぎていった。年が明けて2023年になり、1月が過《す》ぎ、2月が過《す》ぎても、状況《じょうきょう》は変《か》わらない……。

久保田《くぼた》先生はくじけず都高野連《とこうやれん》に電話をかけ、青鳥特支《せいちょうとくし》の加盟《かめい》をみとめてもらいたいことを重ねて伝《つた》えた。

事態《じたい》がついに動きはじめたのは、3月に入ってから。都高野連《とこうやれん》から「まずは一度、練習のようすを視察《しさつ》させてもらいたい」との連絡《れんらく》があったのだ。

久保田《くぼた》先生は、加盟《かめい》に向けてようやく一歩前進したことをよろこぶ反面、不《ふ》安《あん》にもおそわれた。

「都高野連《とこうやれん》の方たちは、うちの練習を見て、どんなふうに思うだろう。『こんなようすではあぶないから加盟《かめい》はみとめられない！』などと思われてしまうのではないだろうか……。いや、あの子たちならきっと大丈夫《だいじょうぶ》。いつも通り、元気よく練習しているところを見てもらおう」

そんな気持ちで視察《しさつ》の日をむかえた。

都高野連《とこうやれん》からは理事長をふくむ4人が学校に来て、まずは面談がおこなわれた。青鳥特支《せいちょうとくし》からは諏訪《すわ》校長と久保田《くぼた》先生が面談にのぞんだ。

張《は》りつめた空気の中、都高野連側《とこうやれんがわ》から次のような話があった。

「青鳥特別支援学校《せいちょうとくべつしえんがっこう》の加盟《かめい》について判断《はんだん》するうえで、いくつか確認《かくにん》させていただきたいことがあります」

そのひとつは、部の活動が今後もつづいていく見通しがあるかどうか、ということだった。

これについては、諏訪《すわ》校長がはっきりと答えた。

「仮《かり》に久保田《くぼた》先生がいなくなったとしても、我《わ》が校では野球をつづけられる準《じゅん》備《び》を整えています。この春から若《わか》い顧問《こもん》も加《くわ》わることになっています。また、校長が代わるときには、わたしから次の校長にしっかりと引きつぎをおこなうつもりです。部の存続《そんぞく》については、校長であるわたしが責任《せきにん》を持って対応《たいおう》いたします」

さらに都高野連側《とこうやれんがわ》は、別《べつ》のことについても確認《かくにん》を求《もと》めた。久保田《くぼた》先生に関《かん》することだった。

「青鳥特別支援学校《せいちょうとくべつしえんがっこう》が都高野連《とこうやれん》に加盟《かめい》するとなった場合は、久保田《くぼた》先生には『甲子園夢《こうしえんゆめ》プロジェクト』の代表をやめていただかなくてはいけませんが、それでも大丈夫《だいじょうぶ》でしょうか？」

想定外の質問《しつもん》に、久保田《くぼた》先生はとまどった。だが、実はそうした規則《きそく》があるのだ。

「日本学生野球憲章《けんしょう》」という、大学野球や高校野球の関係者《かんけいしゃ》が守らなければいけない大事な取り決めがある。その中に、次のように記されている。

第15条《じょう》（他の野球団体《だんたい》との関係《かんけい》）
部員、指導者《しどうしゃ》および学生野球団体《だんたい》の役員は、学生野球団体《だんたい》または学生野球団《だん》体《たい》を構成団体《こうせいだんたい》とする野球団体以外《だんたいいがい》の野球団体《だんたい》の構成員《こうせいいん》となることはできない。
[以下略《いかりゃく》]

かんたんに言うと、久保田《くぼた》先生が青鳥特支《せいちょうとくし》の部活と夢《ゆめ》プロジェクトの活動を同時におこなうことはできない、ということ。どちらかをえらびとるしかないのだ。

むずかしい判断《はんだん》をせまられた久保田《くぼた》先生。じっくりと考えた。

「夢《ゆめ》プロジェクトがはじまって3年目をむかえたところ。幸いにも参加《さんか》メンバーは年ねん増《ふ》え、保護者《ほごしゃ》の方たちの支《ささ》えもあって、ここまで順調《じゅんちょう》にやってこられた。プロジェクトをつくった自分がぬけることはとても残念《ざんねん》だが、みなさんの力で、これからもきっと活動をつづけていってもらえるにちがいない」

こうして久保田《くぼた》先生は、「都高野連《とこうやれん》に加盟《かめい》できたときは夢《ゆめ》プロジェクトの代表をやめ、青鳥特支《せいちょうとくし》の部活に専念《せんねん》する」と決めた。

面談を終えると、都高野連《とこうやれん》の理事長らはグラウンドに出て、練習のようすを見守った。部員の保護者《ほごしゃ》と言葉を交わす機会《きかい》もあり、保護者《ほごしゃ》たちは「ぜひ加盟《かめい》をみとめてください」と強くお願《ねが》いした。

だが、先生や保護者《ほごしゃ》たちは、あまりよい手ごたえを感じていなかったようだ。前向きに検討《けんとう》してもらえるのか、それとも断《ことわ》られてしまうのか……。確信《かくしん》は持てずじまいだった。

視察《しさつ》から数週間がたったころ、久保田《くぼた》先生のもとに、都高野連《とこうやれん》から連絡《れんらく》が入った。

「子どもたちや先生方の熱意《ねつい》をしっかりと感じました。青鳥特別支援学校《せいちょうとくべつしえんがっこう》の加《か》盟《めい》を承認《しょうにん》させていただきます」

「そうですか。ありがとうございます！」

ついに吉報《きっぽう》を受けとった久保田《くぼた》先生は、大きく胸《むね》をなでおろした。

後日、都高野連《とこうやれん》の事務所《じむしょ》をおとずれ、正式な承認書《しょうにんしょ》を受けとった。

そこに記された日付《ひづけ》は、２０２３年5月16日。久保田《くぼた》先生が都高野連《とこうやれん》に最初《さいしょ》の連絡《れんらく》を入れてから、すでに半年ほどもたっていた。

7月上旬《じょうじゅん》に開幕《かいまく》する夏の都大会まで、もう2か月もなかった。

第3章

「甲《こう》子《し》園《えん》」への
はじめの一歩！

新入部員がやってきた

2023年の春は、都高野連《とこうやれん》への加盟《かめい》のほかにも、いろいろな動きがあった。ひとつは、部の名前の変更《へんこう》だ。きっかけは、諏訪《すわ》校長からの提案《ていあん》だった。

「球技部《きゅうぎぶ》を『ベースボール部』という名前に変《か》えてみてはどうだろうか」

もともとは、さまざまな球技《きゅうぎ》に取りくんでいたことから、球技部《きゅうぎぶ》という名前がつけられていた。だが、久保田《くぼた》先生が顧問《こもん》になってからは、硬式野球《こうしき》とティーボールに取りくむ部活に変《か》わった。硬式野球《こうしき》もティーボールも「ベースボール型《がた》の競技《きょうぎ》」といえるので、ベースボール部という名前にしたほうが活動内容《ないよう》にぴったり合う、と諏訪《すわ》校長は考えたのだ。

これに久保田《くぼた》先生らも賛成《さんせい》し、部の名前を変《か》えることが決まった。

また、2023年4月から青鳥特支《せいちょうとくし》ではたらくことになった3人の先生が、

新しく顧問《こもん》に加《くわ》わった水野亮《みずのりょう》先生（左上）、南波健《なんばたけし》先生（左下）、池端純也《いけばたじゅんや》先生（右）。

新たに顧問《こもん》に就任《しゅうにん》。それまでは久保田《くぼた》先生がひとりで野球を教えていたが、野球経験《けいけん》のある水野亮《みずのりょう》先生と南波健《なんばたけし》先生、さらにサッカー経験者《けいけんしゃ》の池端純也《いけばたじゅんや》先生も指《し》導《どう》に加《くわ》わることになった。

新入部員もやってきた。後藤浩太《ごとうこうた》くん、斎藤翔《さいとうしょう》くん、八木秋大《やぎあきひろ》くんの3人。いずれも、職能《しょくのう》開発科の1年生だ。

もともと青鳥特支《せいちょうとくし》には普通科《ふつうか》しかなかったが、この年から職能《しょくのう》開発科が新たにつくられた。職能《しょくのう》開発科とは、軽度の知的障《ちてきしょう》がいがある生徒《せいと》を対象《たいしょう》とした学科で、仕事をするために必要《ひつよう》な力をのばし、全員が企業《きぎょう》に就職《しゅうしょく》することをめざしている。青鳥特支《せいちょうとくし》の職能《しょくのう》開発科では、1学年当たり20人（10人×2クラス）を受けいれているが、その1期生のうち3人がベースボール部をえらんでくれたことになる。

さらに、この年から青鳥特支《せいちょうとくし》は校舎《こうしゃ》が移転《いてん》している。古くなった校舎《こうしゃ》の建《た》てかえがおこなわれるため、新しい校舎《こうしゃ》が完成《かんせい》するまでの4年間、仮設校舎《かせつこうしゃ》が学びの場となるのだ。

仮設校舎《かせつこうしゃ》のグラウンドは決して広くない。ネットでかこわれた部分の広さは、およそ50メートル四方。そのせまさでは、外野の守備《しゅび》や打撃《だげき》の練習をするのはかなりむずかしいが、それでもくふうをこらしてベースボール部の練習がおこなわれている。

ここで、3人の新入部員について紹介《しょうかい》しておこう。

後藤《ごとう》くんは、身長が180センチメートル近くある長身の生徒《せいと》。貴重《きちょう》な左利《ひだりき》きの部員だが、体の動かし方を見た印象《いんしょう》では、あまり器用《きよう》なタイプではなさそうだ。

ただ、元気のよさはチーム一と言っていい。練習や試合《しあい》のときは、いつも大きな声を出し、仲間《なかま》を元気づけている。

小学校、中学校のころは、体育の授業《じゅぎょう》以外《いがい》はほとんど運動をしてこなかった。それでも青鳥特支《せいちょうとくし》のベースボール部に入ったのは、野球への興味《きょうみ》が大きくなってきたからだ。

仮設校舎《かせつこうしゃ》のグラウンド。せまいなりに、くふうした練習をおこなっている。

後藤《ごとう》くんが言う。

「運動はそもそも好《す》きなんです。青鳥《せいちょう》にある運動部は陸上部《りくじょうぶ》かベースボール部ですが、陸上部《りくじょうぶ》よりもベースボール部のほうがきたえられそうだなと思いました。プロ野球にあこがれて『俺《おれ》もああいう選手《せんしゅ》になれたらな』という思いがあって、こっちの部活に入ることにしました」

野球に興味《きょうみ》を持ちはじめるきっかけになったのは、大谷翔平選手《おおたにしょうへいせんしゅ》。投手と打者の〝二刀流〟に挑戦《ちょうせん》し、メジャーリーグで大活躍《だいかつやく》する大谷選手《おおたにせんしゅ》のすがた

試合中《しあいちゅう》もだれよりも声を出す後藤浩太《ごとうこうた》くん。

をテレビで見るようになり、大いに刺激《しげき》を受けたそう。

「大谷翔平《おおたにしょうへい》がホームランを打ったとき、すごく爽快感《そうかいかん》を感じるんです。俺《おれ》も打てたら、そういう気持ちになれるのかなって」

後藤《ごとう》くんを表現《ひょうげん》するには「ピュア」という言葉がぴったりだ。照《て》れたりかざったりすることなく自分の気持ちをそのまま言葉にするから、話をしていて、とても気持ちがいい。

「練習のとき、グローブを出すところをまちがっちゃって、ボールが顔面に当たったことがあるんですよ。やっぱ痛《いた》いですね！　でも、それでいやになるってことはないです。プロになるための道のりなんで、きびしいのは当然《とうぜん》です。あまい練習をしているようじゃ、終わりですから」

どんな選手《せんしゅ》になりたい？　という質問《しつもん》には、こう答えてくれた。

「見ている人たちをおどろかせるようなプレーをしたいです。それと、やさしくて、だれからも信頼《しんらい》される、強い野球選手《せんしゅ》。まあ……絶対《ぜったい》ないとは思うんですけど〝二刀流〟に挑戦《ちょうせん》したい」

そんな後藤《ごとう》くんには、少しぬけたところがある。ついさっき教えてもらったばかりのことをもう忘《わす》れてしまったり、ふとした瞬間《しゅんかん》に集中力が切れてしまったり……。一生懸命《いっしょうけんめい》にやっているのだけれど、どうしてもそういうところが出てしまう。

そんなときは久保田《くぼた》先生から「後藤《ごとう》、何やってんだ！」ときびしい言葉が飛《と》んでくるのだが、後藤《ごとう》くんはへこたれない。しかられては気を引きしめなおすことを何度もくりかえしながら、少しずつ技術《ぎじゅつ》や知識《ちしき》を身につけていく。

斎藤《さいとう》くんは、後藤《ごとう》くんとはクラスメイトで仲《なか》もよい。感情《かんじょう》が表に出にくいタイプで、おとなしい感じのする生徒《せいと》だ。

気持ちをうまくコントロールできなくなることがあり、日によっては心がもやもやして落ちつかなくなることもあるという。まわりの人たちとの関《かか》わりをつくっていくことも、あまり得意《とくい》ではない。

中学校では特別支援学級《とくべつしえんがっきゅう》に通い、「人との関《かか》わりを深める」というねらいもあって、カードゲームなどを楽しむクラブで活動した。小学校低学年《ていがくねん》のころ、姉が入っていたバスケットボールチームの練習に通っていたことがあるが、スポーツ経験《けいけん》はその程度《ていど》。斎藤《さいとう》くんは「まだ全然《ぜんぜん》、上手ではないんです」と、自信《じしん》なさげだ。

青鳥特支《せいちょうとくし》に進学後、部活えらびで

おとなしい印象《いんしょう》の斎藤翔《さいとうしょう》くんだが、プレーするすがたからは、闘志《とうし》が伝《つた》わってくる。

はかなり迷《まよ》った。斎藤《さいとう》くんは言う。

「2回くらいベースボール部の練習に参加《さんか》してみたんですけど、ちょっとむずかしいかなあ、とは思いました。文化系《ぶんかけい》の部活も候補《こうほ》でしたね」

それでも、副担任《ふくたんにん》の先生から「運動部がいいと思う。絶対《ぜったい》にできるよ！」と言葉をかけられた斎藤《さいとう》くん。背中《せなか》を押《お》されるようにしてベースボール部への入部を決めた。

「ほめるような感じで言われて『ぼくならできるかも』って思えたんです」

昔、となりの家に住んでいた友だちとキャッチボールをしたことがある程度《ていど》で、野球をするのはほぼはじめてのこと。ほかの部員と同じように、何度も失《しっ》敗《ぱい》をくりかえしながら、少しでもうまくなろうと練習を重ねている。

めげずに野球に取りくめているのは、仲間《なかま》の存在《そんざい》が大きい。

「後藤《ごとう》くんや八木《やぎ》くんとはＬＩＮＥ《ライン》をすることもあります。あとは白子《しらこ》先輩《せんぱい》とも仲《なか》がよいですね。小学校のころは、そういう仲《なか》のよい友だちが2人ぐらいしかいなかったけど、高校に入って、増《ふ》えてきたなと感じています。ベースボール部に入ったからだと思うし、入ってよかったな、とも思います」

メガネをかけている八木《やぎ》くんは、斎藤《さいとう》くんと同じように、おとなしそうな雰《ふん》囲気《いき》のある生徒《せいと》。

2学年上の山口《やまぐち》くんと同じ中学校の出身だ。八木《やぎ》くんがベースボール部に入ってきたとき、いちばんおどろいていたのが山口《やまぐち》くんだった。

「八木《やぎ》くんが野球をやるようには見えなかったなあ。中学では陸上《りくじょう》をやっていたし、高校でも陸上部《りくじょうぶ》に入るとばかり思ってた」

たしかに、八木《やぎ》くんは中学生のころまで陸上《りくじょう》に熱心《ねっしん》に取りくんでいた。得意《とくい》なのは短距離走《たんきょりそう》で、いちばん好《す》きな種目《しゅもく》は200メートル走。八木《やぎ》くんによると「中学校の中では3番目くらいに速かった」という。足の速さにはかなりの自信《じしん》があるようだ。

それなのに、陸上部《りくじょうぶ》ではなくベースボール部に入ってきたのはなぜだろう。

八木《やぎ》くんはものごとを順序立《じゅんじょだ》てて話すことがやや苦手だが、ベースボール部をえらんだ理由を次のように説明《せつめい》してくれた。

「陸上部《りくじょうぶ》に入る前に（練習の）メニューを見たんです。よく見たら、あんまりいろんなことはできない。仮校舎《かりこうしゃ》だから、せまいから。近くの公園か、学校を走るくらいしか。大会もあるにはあるけど、（陸上用《りくじょうよう》の）スパイクが使えないらしいんですね。障《しょう》がい者《しゃ》だから、ピンでケガしたり、そういうのがあぶないから。野球のほうは、いろんなメニュー。動いたり、投

めきめきと実力をつけてきた八木秋大《やぎあきひろ》くん。

げたり。いろんなことができるので」

言葉をつないで、一生懸命《いっしょうけんめい》に話してくれた。山口《やまぐち》くんも言っていたけれど、八木《やぎ》くんはとてもまじめな性格《せいかく》なのだ。

野球はまったくの未経験《みけいけん》だったが、八木《やぎ》くんは身体能力《のうりょく》が高く、練習をはじめてすぐによい動きを見せるようになった。足が速いだけでなく肩《かた》も強いので、コントロールには改善《かいぜん》の余地《よち》があるものの、送球はするどい。

セカンドやショートのポジションで、練習を重ねている。

「カバー（ほかの野手のミスに備《そな》える動き）が苦手です。もっとうまくなりたい。あとはフライですね。いちばん捕《と》れない。キャッチしたのに、なんか前に落ちちゃう」

野球の守備《しゅび》の中でも、内野手の動きはとても複雑《ふくざつ》。いろいろな状況《じょうきょう》に対応《たいおう》できるようになるには、たくさんの練習が必要《ひつよう》だ。

怒《ど》濤《とう》の日び

部員が6人に増《ふ》えたことで、青鳥特支《せいちょうとくし》ベースボール部は少しずつかたちになってきた。そして、都高野連《とこうやれん》への加盟《かめい》が決まった瞬間《しゅんかん》から、大きな波にのみこまれるかのような激動《げきどう》の日びがはじまることになる。

2023年5月のある日、部員たちは久保田《くぼた》先生の前で横一列になった。学校が高野連《こうやれん》への加盟《かめい》に向けて動いていたことは、部員たちには知らされていない。今まさに、その話が伝《つた》えられるところだ。

久保田《くぼた》先生は、全員の顔を見わたしてから、おもむろに口を開いた。

「青鳥特別支援学校《せいちょうとくべつしえんがっこう》は、東京都の高野連《こうやれん》という組織《そしき》に加盟《かめい》できることになりました」

話を聞いた6人の反応《はんのう》は……うすい。「コーヤレン?」と、頭の上にクエスチョンマークをうかべている部員もいる。

それも仕方のないことだろう。部員の半分は、入部したばかりで右も左もわからない1年生。山口《やまぐち》くんや首藤《しゅどう》くんにしても、高校野球に決してくわしいわけではなかった。高野連《こうやれん》に加盟《かめい》することの意味をしっかりと理解《りかい》できていたのは、白子《しらこ》くんぐらいだったろうか。

感動的《かんどうてき》な瞬間《しゅんかん》になるのではないか、とひそかに楽しみにしていた久保田《くぼた》先生は内心ずっこけた。気を取りなおして、ふたたび話しはじめる。

「つまりきみたちは、ほかの学校と試合《しあい》ができるようになったということだ。東京都の大会に出て、もし優勝《ゆうしょう》すれば甲子園《こうしえん》大会に出られる。まあ、いきなり甲子園《こうしえん》なんていうのはさすがに無理《むり》だけど……俺《おれ》たちもそこに挑戦《ちょうせん》することができるようになったんだよ」

そこまで言うと、部員たちの顔に徐《じょ》じょによろこびの色があらわれてきた。

「試合《しあい》ができるんですか!?」

「すげえ！」

「ヤバ！」

そんな声をあげはじめた部員たちを制《せい》するように、久保田《くぼた》先生は言う。

「ただ、見ての通り、俺《おれ》たちだけでは人数が足りないからチームが組めない。大会に出るためには、ほかの高校といっしょになって連合《れんごう》チームを組む必要《ひつよう》があるので、いっしょにやってくれる高校をこれからさがすことになります。それについては、わかりしだいみんなに伝《つた》えるようにするけど、これからは試合《しあい》に出るつもりで練習をがん

円陣《えんじん》を組んでのミーティング。

ばらなきゃいけないぞ。わかったな！」

6人は一斉《いっせい》に「はい！」と大きな声で返事をした。

都高野連《とこうやれん》から正式に加盟《かめい》をみとめてもらえたのが5月16日で、夏の都大会（西東京大会）が開幕《かいまく》するのは7月上旬《じょうじゅん》。つまり、この時点ですでに残《のこ》り2か月を切っていたのだ。久保田《くぼた》先生たちはなんとか出場を実現《じつげん》させようと、大急ぎで準備《じゅんび》に取りかかった。

ユニフォームのデザインを考え、試合用《しあいよう》のバットやスパイクなど、きちんとした用具を買いそろえる必要《ひつよう》もあった。そしてもちろん、連合《れんごう》チームを組んでくれる高校をさがしださなければいけなかった。

その作業はむずかしいものになると思われた。あまり時間がないことに加《くわ》えて、青鳥特支《せいちょうとくし》は知的障《ちてきしょう》がいがある部員だけで構成《こうせい》された特殊《とくしゅ》なチームなのだ。しかも初心者《しょしんしゃ》だらけで、実力もまだまだついていない……。いきなり「連合《れんごう》チームを組ませてください」とお願《ねが》いしたところで、断《ことわ》られてしまう可能性《かのうせい》は十分にあった。

ただ、どんなにきびしい道のりであっても、久保田《くぼた》先生はあきらめるつもりは一切なかった。心の中には、白子《しらこ》くんがうれしそうに手にしていた、新品のグローブがあった。子どもたちのために、できることは何でもしようと決めていた。

連合《れんごう》チームを組める高校をさがしていた久保田《くぼた》先生は、知りあいに、ある人物を紹介《しょうかい》された。それが、都立深沢高校《ふかさわこうこう》で野球部の監督《かんとく》をつとめる宇野秀和《うのひでかず》先生だった。久保田《くぼた》先生はすがるような思いで、宇野《うの》先生に電話をかけた。

突然《とつぜん》の電話を受けた宇野《うの》先生。話に耳をかたむけながら、何度もうなずいていた。深沢高《ふかさわこう》も、長らく部員不足《ぶそく》の問題をかかえていて、前年（2022年）は4校連合《れんごう》でチームを組んでいたほどだった。人数不足《ぶそく》でチームが組めない苦しみをよく知っていたのだ。

だからこそ、宇野《うの》先生の頭の中には「青鳥《せいちょう》さんに連合《れんごう》チームに加《くわ》わってもらおう」という考えが真っ先にうかんだ。電話の向こうにいる久保田《くぼた》先生に、こう伝《つた》えた。

「こまったときはおたがいさま。ぜひいっしょにチームを組みましょう！」

深沢高《ふかさわこう》は、もともと私立松蔭大学附属松蔭高校《しりつしょういんだいがくふぞくしょういんこうこう》との2校連合《れんごう》で、夏の大会に参加《さんか》する予定だった。メンバーは2校合わせて14人で、大会に登録《とうろく》できるメンバーの上限《じょうげん》は20人。つまり、偶然《ぐうぜん》にも、青鳥特支《せいちょうとくし》の部員6人がぴったりおさまるだけの空きがあった。

宇野《うの》先生は、青鳥特支《せいちょうとくし》の部員たちに知的障《ちてきしょう》がいがあることも、まったく気にしていなかった。宇野《うの》先生は学生時代に、障《しょう》がい者《しゃ》と関《かか》わるボランティア活動を経験《けいけん》。また、教員となってから最初《さいしょ》につとめた学校が特別支援学校《とくべつしえんがっこう》（小学部）でもあったから、障《しょう》がい者《しゃ》が持つ可能性《かのうせい》をよく理解《りかい》していた。

「連合《れんごう》チームを組むうえで、障《しょう》がいがあるかないかは関係《かんけい》ない。知的障《ちてきしょう》がいの

深沢高《ふかさわこう》の宇野秀和《うのひでかず》先生。連合《れんごう》チームでは監督《かんとく》をつとめている。

ある子どもの中には、運動神経《しんけい》が抜群《ばつぐん》の子どもだっている。深沢《ふかさわ》も松蔭《しょういん》さんも、部員に野球経験者《けいけんしゃ》があまりいないし、戦力《せんりょく》としては心もとなかった。青《せい》鳥《ちょう》さんが入ることで、もしかしたら野球がうまい生徒《せいと》が味方に加《くわ》わってくれるかもしれないぞ」

そうした期待もこめて、宇野《うの》先生は3校連合《れんごう》チームを組むつもりになっていたが、自分ひとりだけで決めるわけにはいかない。まず深沢高《ふかさわこう》の野球部員たちに確認《かくにん》すると、青鳥特支《せいちょうとくし》がチームに加《くわ》わることをすんなりと受けいれてくれた。彼《かれ》らも、障《しょう》がい者《しゃ》に対するかたよった考え方を持っていなかったし、知らない高校と連合《れんごう》チームを組むことにすっかり慣《な》れてもいた。また、松蔭大《しょういんだい》松蔭高《しょういんこう》からも快《こころよ》くオーケーの返事があった。

こうして連合《れんごう》チームの話は思いのほかスムーズにまとまり、青鳥特支《せいちょうとくし》の部員たちが高校野球の公式戦《こうしきせん》に出場できる環境《かんきょう》が、ついに整った。

夏の大会への出場が正式に決まったことで、ベースボール部の日常《にちじょう》は様変《さまが》わりした。

それまでは、ほぼ月水金の放課後《ほうかご》のみの練習だったが、土日にも練習などが入るようになった。

普段《ふだん》は別《べつ》べつの学校で過《す》ごす生徒《せいと》たちがひとつのチームを組むのだから、当《とう》然《ぜん》、合同で練習をおこなう必要《ひつよう》もある。青鳥特支《せいちょうとくし》のグラウンドはせまいので、合同練習は深沢高《ふかさわこう》のグラウンドなどでおこなわれた。青鳥特支《せいちょうとくし》の部員たちは、学校の外へと飛《と》びだしていくことになったのだ。

こうした状況《じょうきょう》に、責任感《せきにんかん》を強めていたのが山口《やまぐち》くんだ。唯一《ゆいいつ》の3年生部員だった山口《やまぐち》くんは、青鳥特支《せいちょうとくし》ベースボール部のキャプテンを任《まか》されていた。

連合《れんごう》チームを組み、他校と合同で練習をおこなうことになったとき、山口《やまぐち》くんはこんなふうに考えていた。

「うちのメンバーは、連合《れんごう》チームを組む学校のメンバーと仲《なか》よくできるだろうか。だれかが迷惑《めいわく》をかけてしまうんじゃないか……。もしケンカでもはじまってしまったら、もう終わりだ。キャプテンとして、これまで以上《いじょう》にちゃんとチームをまとめないとヤバいぞ」

他校の部員たちとうまくやっていけるのか、という不安《ふあん》をかかえていたのは、山口《やまぐち》くん以外《いがい》の部員たちも同じだった。

だが、その心配も無用《むよう》だった。

はじめての顔合わせで緊張《きんちょう》している部員たちが多い中、ひときわ大きな声であいさつをしたのは後藤《ごとう》くんだ。

「こんにちは！　よろしくお願《ねが》いします！」

後藤《ごとう》くんの明るさと元気のよさにつられるように、他校の部員たちも笑顔《えがお》であいさつを返す。はじめにそんなやりとりがあったおかげで、よそよそしい空気になることなく練習をはじめることができた。

また、深沢高《ふかさわこう》や松蔭大松蔭高《しょういんだいしょういんこう》の野球部員たちも、やさしく声をかけてくれた。青鳥特支《せいちょうとくし》の部員のプレーに対して、「うまいじゃん！　本当に野球をはじめたばかりなの？」と言ってくれたり、より上手にできるようにアドバイスをくれたり。いっしょになって白球を追いかけているうち、会う前にかかえていた不《ふ》安《あん》はすっかり消えていた。

6月には練習試合《じあい》も数試合《すうしあい》、組まれた。とても短い期間の中ではあったが、3校はどうにかひとつのチームにまとまろうと奮闘《ふんとう》していた。

部員の保護者《ほごしゃ》にとっても大変《たいへん》な時期だった。それ以前《いぜん》と大きく変《か》わったことのひとつが、移動《いどう》だ。

合同練習や練習試合《じあい》のたびに、集合場所が各地《かくち》の学校や球場に変《か》わる。一般《いっぱん》の高校生であれば、目的地《もくてきち》まで電車やバスを乗りついで行くことにそんなに心配はいらないのかもしれないが、青鳥特支《せいちょうとくし》の一部の生徒《せいと》たちにとっては、それも決してかんたんなことではない。

どのようにして子どもたちを集合場所まで安全に連《つ》れて行けばよいか、保護《ほご》者《しゃ》たちは考えなければいけなかった。

久保田《くぼた》先生は、長年の教員経験《けいけん》にもとづいて「やってみればなんとかなるもの」と大きくかまえていた。不安《ふあん》がる保護者《ほごしゃ》に対しては、こんなふうに言っていた。

「たしかに心配されるお気持ちはわかります。でも、勇気《ゆうき》を出して、子どもたちだけで行かせてみてください。きっと大丈夫《だいじょうぶ》ですから」

首藤《しゅどう》くんの母・裕子《ひろこ》さんは、久保田《くぼた》先生にそう言われても心配はつきなかった。そもそも、首藤《しゅどう》くんがひとりで電車に乗ってどこかに出かけたことは、それまで一度もなかったのだ。

「こまったなあ。もしとちゅうで電車が止まってしまったり、まちがえて反対方向の電車に乗ってしまったりしたら、理仁《りひと》は帰ってこられなくなるかもしれない……」

そこで、最初《さいしょ》は集合場所まで保護者《ほごしゃ》がつきそうことにした。次に、行くときは保護者《ほごしゃ》がつきそい、子どもたちだけで帰ってくるのが第2ステップ。そして、乗りかえなどがむずかしくない場所であれば、行きも帰りも子どもたちだけで移動《いどう》することにも挑戦《ちょうせん》するようになった。何かあったときのために携帯《けいたい》電話を持たせてあるが、これまでのところ、移動中《いどうちゅう》に大きなトラブルがおきたことはない。

新しいことにトライする機会《きかい》をもらった子どもたちは、大人が想像《そうぞう》する以上《いじょう》のたくましさで、道を切りひらいていくのだった。

チャレンジャー精神《せいしん》を持っている首藤《しゅどう》くんは、親の心配をよそに「行けると思う！」と言いのこして出かけていく。

裕子《ひろこ》さんは、その背中《せなか》を見守りながら思う。

「こうやって、できることが増《ふ》えていくといいな。以前《いぜん》は、ひとりで電車に乗ってどこかに行かせるなんて考えられなかった。心配ではなく信頼《しんらい》することが、理仁《りひと》の成長《せいちょう》につながるんだ」

きっと、高校野球に挑戦《ちょうせん》するということは、ただ大会に出ることだけを意味するのではないのだろう。野球をきっかけに、障《しょう》がい者《しゃ》や特別支援学校《とくべつしえんがっこう》という限《かぎ》られた世界から外へ飛《と》びだし、さまざまな社会経験《けいけん》をつむことにも、とても大事な意味があるはずだ。

青鳥特支《せいちょうとくし》の部員たちは、毎週のようにバッグをかついであちこちの学校や球場に出向きながら、それぞれの視野《しや》を大きく広げていった。

カウントダウン

2023年7月1日、青鳥特支《せいちょうとくし》ベースボール部の部員たちは、神奈川県横浜《かながわけんよこはま》市《し》にある私立慶應義塾高校《しりつけいおうぎじゅくこうこう》の練習場に集まっていた。

慶應高《けいおうこう》は、その年の春の甲子園《こうしえん》大会にも出場するなど、野球の名門として知られる高校。そんな慶應高《けいおうこう》と青鳥特支《せいちょうとくし》は、以前《いぜん》から交流があった。

きっかけは「甲子園夢《こうしえんゆめ》プロジェクト」の活動だ。

久保田《くぼた》先生は、まだ夢《ゆめ》プロジェクトの代表だったとき、慶應高《けいおうこう》野球部の森林《もりばやし》貴彦監督《たかひこかんとく》に協力《きょうりょく》をお願《ねが》いしたことがあった。その申し出に対し、森林監督《もりばやしかんとく》はすぐにオーケーしてくれた。慶應高《けいおうこう》と夢《ゆめ》プロジェクトは合同練習をたびたびおこなうようになったが、そこに青鳥特支《せいちょうとくし》の部員たちも参加《さんか》してきたので、両校の部員たちは仲《なか》を深めてきたのだ。

　この日、久保田《くぼた》先生は青鳥特支《せいちょうとくし》の部員たちを引きつれて、慶應高《けいおうこう》を訪問《ほうもん》。立《りっ》派《ぱ》な練習施設《しせつ》を借《か》り、青鳥特支《せいちょうとくし》のせまいグラウンドではできない打撃《だげき》練習などをさせてもらうことになっていた。

　練習がはじまる前、久保田《くぼた》先生が部員たちに集合をかけた。

「みんな、ちょっと集まってくれ。先生からわたしたいものがある」

　そう言って久保田《くぼた》先生が取りだしたのは、完成《かんせい》したばかりの真新しいユニフォームだった。胸《むね》にローマ字で「Seicho」の文字があしらわれ、それぞれの背中《せなか》には背番号《せばんごう》もぬいつけられていた。

　つづいて、久保田《くぼた》先生の横にいた慶應高《けいおうこう》の森林監督《もりばやしかんとく》が一歩前に出る。

「試合《しあい》のときは、このストッキングをはいてがんばってください」

　差《さ》しだされたストッキングは、下半分が白、上半分が紺色《こんいろ》で、紺色《こんいろ》の部分に赤と白のラインが入っている。実はこれ、慶應高《けいおうこう》野球部が試合《しあい》で着用するストッキングとまったく同じデザインだ。

胸《むね》に「Seicho」の文字があざやかなユニフォーム。

久保田《くぼた》先生はユニフォームのデザインを考える中で、森林監督《もりばやしかんとく》に「慶應《けいおう》とおそろいのストッキングにさせてもらってもよいですか？」と相談していた。これに対して森林監督《もりばやしかんとく》は「もちろんです」と答えただけでなく、青鳥特《せいちょうとく》支《し》の部員たちのために、慶應高《けいおうこう》と同じデザインのストッキングを用意した。それをこの日、部員たちに直接《ちょくせつ》プレゼントしたのだ。

ユニフォームとストッキングを受けとった部員たちは、うれしさのあまり大はしゃぎ。我先《われさき》にとユニフォームに袖《そで》を通した。

「これを着て試合《しあい》やるんですよね？」

「すげえ！　カッコいい！」

「なんか緊張《きんちょう》してきた……」

とびきりの笑顔《えがお》を見せながら、口ぐちに感想を言いあった。

キャプテンの山口《やまぐち》くんは、森林監督《もりばやしかんとく》に対して、「このストッキングを使って、チームのみんなが活躍《かつやく》できるようにがんばります」と、感謝《かんしゃ》の手紙を読んだ。

さっそくピカピカのユニフォームを着て、その日の練習にはげんだ部員た

ストッキングは、神奈川県《かながわけん》の強豪《きょうごう》、慶應《けいおう》義塾《ぎじゅく》高校《こうこう》と同じデザイン。

ち。試合《しあい》に向けた準備《じゅんび》は、いよいよ整いつつあった。

すでに西東京大会の組みあわせ抽選《ちゅうせん》もすんでおり、青鳥特支《せいちょうとくし》をふくむ連合《れんごう》チームの初戦《しょせん》は、7月10日におこなわれることが決まっていた。

青鳥特支《せいちょうとくし》ベースボール部の公式戦《こうしきせん》デビューまで、カウントダウンがはじまっていた。

いざ、初陣《ういじん》

7月10日、ついに試合《しあい》の日がやってきた。

100年も前から開催《かいさい》されている都大会に、特別支援学校《とくべつしえんがっこう》が参加《さんか》するのははじめてのこと。まさしく歴史的《れきしてき》な一日となる。

試合《しあい》開始予定は、午後0時半。空には真夏の太陽が照《て》りつけ、午前のうちか

スタンドには、横断幕《おうだんまく》もかかげられた。

ら気温はぐんぐん上昇《じょうしょう》した。

球場に集まった青鳥特支《せいちょうとくし》の部員は、5人。1年生の斎藤《さいとう》くんが体調不良《ふりょう》のため来られなかったのだ。斎藤《さいとう》くんは、大事な試合《しあい》の日に球場に行けなくなったことを、涙《なみだ》を流すほど残念《ざんねん》がっていたという。

試合《しあい》がおこなわれる球場は、東京都八王子市《はちおうじし》にある「スリーボンドスタジアム八王子《はちおうじ》(富士森《ふじもり》公園野球場)」。両《りょう》翼《よく》98メートル、センター122メートルと、とても広い球場だ。一塁側《いちるいがわ》のベンチには青鳥特支《せいちょうとくし》・深沢《ふかさわ》・松蔭大松蔭《しょういんだいしょういん》

青鳥特別支援学校《せいちょうとくべつしえんがっこう》にとって、歴史的《れきしてき》な一歩となった試合《しあい》が開始。

の連合《れんごう》チームが、反対の三塁側《さんるいがわ》のベンチには対戦《たいせん》相手である都立松原高校《まつばらこうこう》が陣取《じんど》った。

一塁側《いちるいがわ》のスタンドには青鳥特支《せいちょうとくし》の保護者《ほごしゃ》らがかけつけ、流れる汗《あせ》をぬぐいながら試合《しあい》開始を待っていた。

また、特別支援学校《とくべつしえんがっこう》がはじめて出場する一戦《いっせん》ということもあり、テレビ局や新聞社などの報道陣《ほうどうじん》のすがたも多く見られた。

ウォーミングアップを終え、両チームの選手《せんしゅ》たちがそれぞれのベンチ前に出てきた。審判《しんぱん》の合図でグラウンドにかけだし、整列。予定より1時間近くおくれた午後1時25分、球審《きゅうしん》の「プレーボール！」の声で試合《しあい》がはじまった。

青鳥特支《せいちょうとくし》からはただひとり、首藤《しゅどう》くんが「7番ライト」でスターティングメンバー入り。また、攻撃時《こうげきじ》の一塁《いちるい》ランナーコーチを白子《しらこ》くんがつとめた。

この日のために準備《じゅんび》を重ねてきたとはいえ、結成《けっせい》からまもない急造《きゅうぞう》チームだったから、試合《しあい》はかなりきびしいものになると予想されていた。「10点以上《いじょう》の大差《たいさ》をつけられて5回でコールド負けする可能性《かのうせい》も十分にある」というのが、青鳥特支《せいちょうとくし》の関係者《かんけいしゃ》たちの本音だった。

1回表、先攻《せんこう》の連合《れんごう》チームが攻撃《こうげき》をはじめる。すると、いきなり1点を先制《せんせい》！　2回の攻撃《こうげき》でも、先頭打者が塁《るい》に出た。

ここで打席《だせき》がまわってきたのが首藤《しゅどう》くんだ。公式戦《こうしきせん》の初打席《はつだせき》となったが、首藤《しゅどう》くんは落ちついたようすで球をよく見きわめ、ストライクゾーンを外れた球にはバットを出さなかった。3ボール1ストライクとなってからの5球目を打ち、結果《けっか》はサードゴロ。自身はアウトになったが、二塁走者《にるいそうしゃ》を三塁《さんるい》に進めることができた。

その走者が、次打者の内野安打のあいだにホームをふみ、連合《れんごう》チームは2点目をあげる。予想以上《いじょう》によいすべりだしだ。

しかし2回裏《うら》、松原高《まつばらこう》の猛攻《もうこう》にあう。連合《れんごう》チームの守備《しゅび》の乱《みだ》れも重なり、一挙《いっきょ》に10点もうばわれてしまった。

スコアが2対10となり、いっきに苦しい状況《じょうきょう》に追いこまれた連合《れんごう》チーム。だが、ベンチの中は活気で満《み》ちていた。青鳥特支《せいちょうとくし》の元気印《げんきじるし》、後藤《ごとう》くんのかけ声がひびく。

「まだまだ序盤《じょばん》だよ！　ここから、ここから！」

その声にほかのメンバーも反応《はんのう》し、「まずは塁《るい》に出よう！」「1点ずつ返していくぞ！」と、続《ぞく》ぞくと声をあげた。

ベンチやスタンドからの声援《せいえん》にこたえるように、3回表、今度は連合《れんごう》チーム

ヒットは打てなかったが、フォアボールで塁《るい》に出てホームまで帰ってきた首藤《しゅどう》くん。

の猛反撃《もうはんげき》がはじまった。

ランニングホームランなどで3点を返し、なおノーアウト一《いち》、二塁《にるい》で、首藤《しゅどう》くんが2度目の打席《だせき》に立つ。この打席《だせき》でも冷静《れいせい》に球を見きわめると、四球をえらび、はじめて出塁《しゅつるい》。その後も着実に進塁《しんるい》し、ホームまで帰ってくることに成功《せいこう》した。

なんと、連合《れんごう》チームはこの回だけで10得点《とくてん》！　スコアを12対10として、大逆転《だいぎゃくてん》に成功《せいこう》した。

その後も、はげしい点の取りあいがつづいた。3回裏《うら》に松原高《まつばらこう》が6点

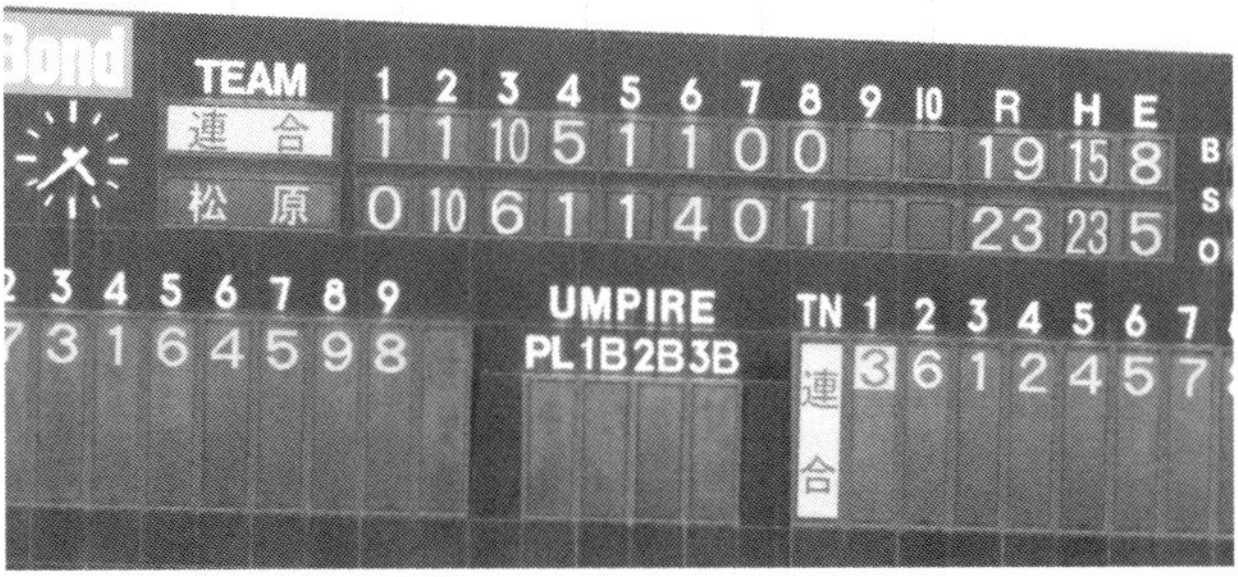

点の取りあいになった試合《しあい》は、23対19で決着。

を取れば、直後の4回表に連合《れんごう》チームが5点を取りかえす。6回が終わった時点で19対22。「コールド負けするかも」という試合前《しあいまえ》の予想を裏切《うらぎ》る大熱戦《だいねっせん》となった。

しかし7回以降《いこう》は、松原高《まつばらこう》が落ちつきを取りもどしたこともあり、連合《れんごう》チームは得点《とくてん》をうばえなくなった。8回裏《うら》に1点を失《うしな》い、19対23の4点差《さ》でむかえた9回表。この回も連《れん》合《ごう》チームは得点《とくてん》をあげることができず、試合《しあい》が終わった。

青鳥特支《せいちょうとくし》の夏の初陣《ういじん》は、大激闘《だいげきとう》のすえの初《しょ》戦敗退《せんはいたい》。部員たちは、きびしい暑さの中、3時間をこえるロングゲームを戦《たたか》いぬいた。

試合後《しあいご》には大勢《おおぜい》かけつけた報道陣《ほうどうじん》のカメラに向かってポーズ。

試合《しあい》を終えたあと、球場の外では、久保田《くぼた》先生や青鳥特支《せいちょうとくし》の部員たちがたくさんの記者にかこまれていた。だれの目にも涙《なみだ》はなく、晴れ晴れとした表《ひょう》情《じょう》だった。

青鳥特支《せいちょうとくし》のキャプテンをつとめていた山口《やまぐち》くんは、4回表に代打で出場を果《は》たした。

打席《だせき》に向かう前には、ベンチの脇《わき》で猛然《もうぜん》と素振《すぶ》りをくりかえした。深沢高《ふかさわこう》の宇野《うの》先生から「絶対《ぜったい》に当たるから、思いきり振《ふ》ってこい！　絶対《ぜったい》に振《ふ》るん

高校野球生活で、最初《さいしょ》で最後《さいご》の打席《だせき》に立つ山口《やまぐち》くん。

だぞ！」とハッパをかけられていた。結果《けっか》は空振《からぶ》り三振《さんしん》。バットがボールに当たることはなかったが、宇野《うの》先生に言われた通り、全力でスイングした。

3年生の山口《やまぐち》くんにとっては、最初《さいしょ》で最後《さいご》の公式戦《こうしきせん》。晴れ舞台《ぶたい》に立った経験《けいけん》を、こう振《ふ》りかえる。

「あんなに大勢《おおぜい》の人たちの前に立つことはなかなかないので、すごく緊張《きんちょう》しました。見逃《みのが》しが1回と、空振《からぶ》りが2回。めちゃくちゃ練習してきたのに、緊張《きんちょう》で残念《ざんねん》な結果《けっか》になってしまいました。でも、代打で出られたのはうれしかったですし、ベンチにいるときも青鳥《せいちょう》のキャプテンとして、チームメンバーをサポートできたのはすごくよかったなと思います」

2年生の白子《しらこ》くんは、ランナーコーチとしてグラウンドに立ったものの、試合《しあい》に出場することはできなかった。それでも夏の大会に参加《さんか》できたこと自体が、かけがえのない思い出となった。白子《しらこ》くんは言う。

「あの試合《しあい》をやれたのは、野球をはじめてからいちばんの大きな経験《けいけん》です。はじめての公式戦《こうしきせん》でしたし、実を言うと、コールド負けで終わるかなって思ってたところもあるんです。9回まで試合《しあい》ができてよかったです」

青鳥特支《せいちょうとくし》で唯一《ゆいいつ》、スタメン出場した首藤《しゅどう》くん。試合《しあい》の感想を、こう話した。

「けっこう、緊張《きんちょう》しました。つかれます」

首藤《しゅどう》くんの母・裕子《ひろこ》さんは、我《わ》が子のすがたをスタンドから見守った。そのときの心境《しんきょう》を、次のように語る。

「バッターボックスに立つ前、場内アナウンスで名前がよばれるのを聞いたとき、『これって現実《げんじつ》なんだ』という実感がわいてきて、すごく感動しました。理仁《りひと》があんなに広い球場で野球をするのははじめて。それまで数えるくらいしか試合《しあい》で打席《だせき》に入ったことがなかったですし、ちゃんとまちがえずに打席《だせき》に立てたことにまず安心しました。点を大量《たいりょう》に取られてしまってからは、『もう負けちゃうのかな』と、見ていて胸《むね》が苦しかった。それでも点を取りかえして長い試合《しあい》になったので、わたしの人生でいちばん長い、ハラハラドキドキの時間になりました」

1年生の後藤《ごとう》くんと八木《やぎ》くんは、試合《しあい》に出ることはなかったが、最後《さいご》まで味方に声援《せいえん》を送りつづけた。

こうして青鳥特支《せいちょうとくし》の特別《とくべつ》な一日は終わった。試合《しあい》には敗《やぶ》れ、ミスも数えきれないほどあったが、高校野球の長い歴史《れきし》にくっきりと足あとを残《のこ》した。

それは決してゴールラインではない。未来《みらい》へとつづく、はじまりの一歩だ。

それから約《やく》1か月後――。

各都道府県《かくとどうふけん》の大会で優勝《ゆうしょう》した高校が阪神甲子園《はんしんこうしえん》球場に集まり、全国高等学校野球選手権《せんしゅけん》大会が開幕《かいまく》した。いわゆる「夏の甲子園《こうしえん》」だ。

この大会で快進撃《かいしんげき》を見せたのが、神奈川県《かながわけん》代表の慶應高《けいおうこう》だった。5年ぶり19回目の出場となった慶應高《けいおうこう》は、強敵《きょうてき》を次つぎと打ちやぶっていく。決勝戦《けっしょうせん》では、大会連覇《れんぱ》をねらう仙台育英高校《せんだいいくえいこうこう》（宮城県《みやぎけん》）に快勝《かいしょう》して日本一に！　慶應高《けいおうこう》が夏の甲子園《こうしえん》で優勝《ゆうしょう》するのは、第2回大会以来《いらい》107年ぶりのことであり、選手《せんしゅ》たちの活躍《かつやく》に大きな注目が集まった。

青鳥特支《せいちょうとくし》ベースボール部にとっては、合同練習をおこなったり、おそろいのストッキングを贈《おく》ってもらったりと、つながりの深い高校。慶應高《けいおうこう》の全国制覇《せいは》の知らせに、青鳥特支《せいちょうとくし》の部員たちも大いに勇気《ゆうき》づけられた。

エンジョイ・ベースボールをモットーに、見事全国制覇《せいは》を果《は》たした慶應《けいおう》ナイン。

第4章

新たなステージへ！

新チームの発足《ほっそく》

高校野球では、夏の大会がひとつの区切りとなる。3年生の部員は、夏の大会が終わると部活を引退《いんたい》。2年生を最上級生《さいじょうきゅうせい》として、新たなチームづくりがはじまるのだ。

青鳥特支《せいちょうとくし》でも、唯一《ゆいいつ》の3年生だった山口《やまぐち》くんが、夏の大会を最後《さいご》にベースボール部を引退《いんたい》した。

1年生のころはあまり元気がなかった山口《やまぐち》くんが、野球をはじめてから明るくなり、前向きな気持ちを取りもどしたことはすでに書いたが、彼《かれ》の成長《せいちょう》はその後もつづいていた。

久保田《くぼた》先生は、山口《やまぐち》くんが変《か》わっていくようすに感心していた。

「大河《たいが》は3年生になってから、さらに自信《じしん》をつけたよな」

大きく変《か》わったのは、取材《しゅざい》への対応《たいおう》の仕方だ。

青鳥特支《せいちょうとくし》は、特別支援学校《とくべつしえんがっこう》としてはじめて都大会に出ることになったため、テレビや新聞などの取材《しゅざい》がたくさんあった。取材《しゅざい》のとき、山口《やまぐち》くんはキャプテンとしてコメントを求《もと》められることが多かった。

最初《さいしょ》のころは、何をどう話せばよいのか、うまくまとめられないようすだったが、回数を重ねるうちに上手にしゃべれるようになっていった。

その変《か》わりように、久保田《くぼた》先生はとてもおどろいたのだ。

「どんな場面でも、自分の気持ちやチームのことをしっかりと話せるようになった。1年生のころを思いかえすと『人ってこんなに変《か》われるのか！』というくらい、すごく成長《せいちょう》を感じる」

その山口《やまぐち》くんが部活を引退《いんたい》することになり、新たなキャプテンを決めなければいけなかった。久保田《くぼた》先生も、山口《やまぐち》くんも、次のキャプテンとして思いうかべていたのは同じ顔——白子《しらこ》くんだ。

久保田《くぼた》先生はこう考えていた。

「やっぱり、野球に対する気持ちがいちばん強いのは白子《しらこ》。ルールもふくめて、野球への理解度《りかいど》もいちばん高い。それに、うちは何かと注目される学校だから、取材《しゅざい》があったときにしっかりと話ができるという点も考えると、白子《しらこ》にキャプテンになってもらうのがいいだろう。野球の実力で言えばいちばんは首藤《しゅどう》だが、彼《かれ》には副《ふく》キャプテンになってもらって、プレーの面でチームを引っぱってもらおう」

夏の大会が終わってからしばらくたったころ、久保田《くぼた》先生は白子《しらこ》くんをよびとめ、言った。

「白子《しらこ》にベースボール部の新キャプテンを任《まか》せたいと思う。やってくれるよな？」

「え、俺《おれ》ですか……」

白子《しらこ》くんは、とまどいの表情《ひょうじょう》をうかべる。正直なところ、キャプテンにはな

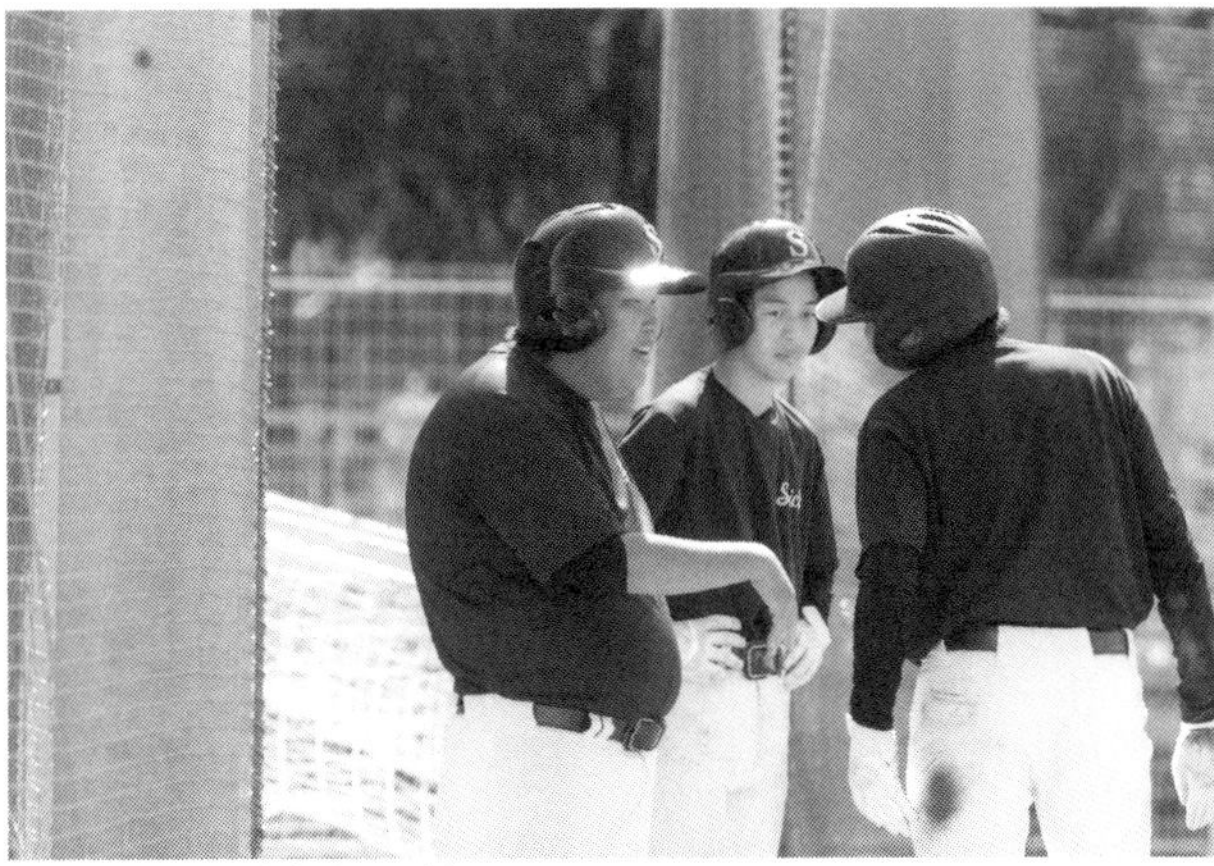

新キャプテンに就任《しゅうにん》した白子《しらこ》くん（左）。

りたくなかったのだ。

久保田《くぼた》先生はかまわず言った。

「そうそう。大河《たいが》も『白子《しらこ》がいい』と言っているんだ。もう決まったことだから、たのんだぞ！」

そこまで言われてしまい、白子《しらこ》くんも切りかえるしかなかった。

「わかりました……。がんばります！」

小学生のころ、みんなからたよられ、自然《しぜん》と友だちにかこまれていた白《しら》子《こ》くん。きっと、生まれながらにリーダーシップを持っているのだろう。

白子《しらこ》くんとしては、しぶしぶ引きう

けたところもあったかもしれないが、時間がたつにつれてどんどんキャプテンらしくなっていった。ときにやさしく、ときにきびしく、部員たちに声をかけ、ベースボール部をよく引っぱっていった。

新チームとしての初戦《しょせん》は、秋の都大会。青鳥特支《せいちょうとくし》は夏と同じく、深沢高《ふかさわこう》、松蔭大松蔭高《しょういんだいしょういんこう》との3校連合《れんごう》チームで出場することになった。対戦《たいせん》相手は、私立八王子実践高校《しりつはちおうじじっせんこうこう》に決まった。

まだまだ暑さが残《のこ》る9月2日に、試合《しあい》がおこなわれた。

夏の大会では大激戦《だいげきせん》を演《えん》じたため、「もしかすると秋の大会も善戦《ぜんせん》するのではないか」という期待感が、試合《しあい》を見ている人のあいだにわずかながらただよっていた。

しかし、現実《げんじつ》はそうあまくない。八王子実践高《はちおうじじっせんこう》は、甲子園《こうしえん》の出場経験《けいけん》はないものの、よくきたえられた実力校。連合《れんごう》チームとの力の差《さ》は明らかだった。

秋の大会も、深沢高校《ふかさわこうこう》、松蔭大松蔭高校《しょういんだいしょういんこうこう》との連合《れんごう》チームでの出場となった。

八王子実践高《はちおうじじっせんこう》は次つぎと得点《とくてん》を重ね、連合《れんごう》チームはたんたんとアウトを重ねた。0対22の5回コールド負けという一方的《いっぽうてき》な結果《けっか》に終わった。

青鳥特支《せいちょうとくし》からは首藤《しゅどう》くんだけが試合《しあい》に出場し、打席《だせき》に2度立ったが、いずれも空振《からぶ》り三振《さんしん》だった。

秋の大会が終わると、次の公式戦《こうしきせん》は、翌年《よくねん》3月に開幕《かいまく》する春の都大会となる。そのため、半年以上《いじょう》も公式《こうしき》戦《せん》がない期間がつづく。チームを強くするためには、この期間にしっかりと練習をつむことが大事だが、しばらく試合《しあい》がないので緊張感《きんちょうかん》がうすれやすい時期でもある。

久保田《くぼた》先生とともにベースボール部の顧問《こもん》をつとめる水野《みずの》先生は、危機感《ききかん》を強めていた。

「この時期はどうしても、子どもたちの気持ちがちょっとゆるんでしまうな。練習でダラダラしたり、時間にルーズになったり……」

学校のグラウンド以外《いがい》で練習をするときは、水野《みずの》先生は必《かなら》ず「来たときより美しくして帰ろう！」と部員たちに言っていた。夏まではしっかりとできていたが、気のゆるみのせいか、それも少しずつできなくなってきていた。

それでも水野《みずの》先生は、こう言いつづけた。

「継続《けいぞく》することが力になるんだよ！　自分たちで決めたことはやり通そう！」

水野《みずの》先生の心配事はほかにもあった。普段《ふだん》の練習に部員全員がそろうことがめったになかったのだ。とくに土曜日の練習となると、部活のためだけに登校する必要《ひつよう》があるため、気持ちを整えるのがむずかしくなる部員もいた。

「練習を休んでしまう子どもにもいろいろな思いがあるのだろうし、『絶対《ぜったい》に出てきなさい』と頭ごなしに言うわけにはいかない。でも、がんばって練習に来ている子どももいるから、『きついなら休んでいいよ』とかんたんに言うこともできない。それぞれの子どもたちに合わせた言葉のかけ方を考えないと……」

水野《みずの》先生としては、全員と最後《さいご》まで野球がしたかった。「部活をやめたい」と言いだす部員が出てこないことを、心の中で願《ねが》っていた。

そうした中、青鳥特支《せいちょうとくし》ベースボール部に新たな仲間《なかま》がひとり加《くわ》わった。普通《ふつう》科《か》1年生の西村類《にしむらるい》くんだ。

西村《にしむら》くんは、青鳥特支《せいちょうとくし》に入学してきたころは、野球どころかスポーツにまったく興味《きょうみ》はなかった。だが、大谷翔平選手《おおたにしょうへいせんしゅ》のメジャーリーグでの活躍《かつやく》を見てい

新しくベースボール部の仲間《なかま》となった西村類《にしむらるい》くん（左）。入部はおそかったが、いつでも全力で練習に取りくむ。

るうちに、あこがれの気持ちをいだくようになった。

「ぼくも野球がしたい！」という思いがめばえたが、ベースボール部への入部はすんなりとはみとめてもらえなかった。

西村《にしむら》くんは、健康《けんこう》に関《かか》わる問題もかかえているのだ。

血糖値《けっとうち》（人間が活動するエネルギーのもとになる血液中《けつえきちゅう》の糖分《とうぶん》の量《りょう》）を正常《せいじょう》にコントロールすることができず、はげしい運動をすると、血糖値《けっとうち》が急激《きゅうげき》に低下《ていか》することがある。その状態《じょうたい》がつづくととても危険《きけん》なので、すぐにゼリーなどのあまいものを口にして血糖値《けっとうち》を上げなければいけない。西村《にしむら》くんは、自分の血糖値《けっとうち》をはかる装置《そうち》をつねに体につけており、数値《すうち》が一定の範囲《はんい》を外れると、アラーム音が鳴るしくみになっている。

こうした健康上《けんこうじょう》の問題もあり、西村《にしむら》くんが野球に挑戦《ちょうせん》することに、保護者《ほごしゃ》は反対していたという。しばらくのあいだはティーボールに取りくんでいたが、西村《にしむら》くんの「野球がやりたい！」という意欲《いよく》がおとろえることはなかった。

その熱意《ねつい》にこたえるため、久保田《くぼた》先生らベースボール部の顧問《こもん》と、西村《にしむら》くんの保護者《ほごしゃ》は相談のうえ、西村《にしむら》くんが野球をできる環境《かんきょう》を整えることにした。顧《こ》問《もん》の先生たちは、アラーム音が鳴ったときの対処法《たいしょほう》など、どのようなことに注意すべきかをしっかりと確認《かくにん》。そして2023年12月、西村《にしむら》くんはついに野球をはじめられることになった。

少しずり落ちたメガネと無邪気《むじゃき》な笑顔《えがお》が印象的《いんしょうてき》な西村《にしむら》くん。野球ができるようになったことについて、こう話す。

「野球が好《す》きだからベースボール部にどうしても入りたいと思いました。野球はむずかしいところもあるし……でも楽しいです。八木《やぎ》くんとか、先輩《せんぱい》の首藤《しゅどう》くんとかにいろいろ教えてもらいながら、やっています」

練習では、野球ができるよろこびを全身であらわすかのように、ボールを追いかけてグラウンドを走りまわっている。夢中《むちゅう》になるあまり、血糖値《けっとうち》が下がってめまいをおこしてしまい、ベンチにすわって休憩《きゅうけい》を取らなければいけないこともある。

むずかしい挑戦《ちょうせん》であることは覚悟《かくご》のうえで、大好《だいす》きな野球に全力で取りくんでいる。

次のチャレンジ

この時点で、青鳥特支《せいちょうとくし》ベースボール部の部員は、２年生が白子《しらこ》くん（キャプテン）と首藤《しゅどう》くん（副《ふく》キャプテン）。１年生が、後藤《ごとう》くん、斎藤《さいとう》くん、八木《やぎ》くん、西村《にしむら》くん。合わせて６人だ。

この「６」という数字が、徐《じょ》じょに重い意味を持ちはじめていた。仮《かり》に２０２４年度の新入生の中から３人以上《いじょう》がベースボール部に入部した場合、部員の数は９人以上《いじょう》となる。そうなると、野球のチームを組むことができるようになる。

２０２４年３月におこなわれる春の大会までは、これまでと同じ３校連合《れんごう》でチームを組むことが決まっていたが、７月におこなわれる夏の大会に関《かん》しては、青鳥特支《せいちょうとくし》だけの単独《たんどく》チームで出場できる可能性《かのうせい》が出てきたのだ。

特別支援学校《とくべつしえんがっこう》（前身のろう学校などはのぞく）が単独《たんどく》チームとして公式戦《こうしきせん》に出場するとなれば、全国でもはじめてのことになる。想像《そうぞう》するとワクワクした気持ちがふくらんでくるのだが、不安《ふあん》な思いをかかえている人も多かった。クリアしなければいけない問題がたくさんあるからだ。

もし、青鳥特支《せいちょうとくし》の単独《たんどく》チームとなると、当然《とうぜん》ながら、すべてのポジションを青鳥特支《せいちょうとくし》の部員が守らなければいけない。そこでとくに大きな問題となるのが、投手と捕手《ほしゅ》だ。

投手は、球をストライクゾーンに投げこむだけのコントロールが必要《ひつよう》だ。ストライクを投げられないと、四球を出しつづけることになってしまう。

捕手《ほしゅ》には、投手が投げたボールをしっかりとキャッチする能力《のうりょく》がまず求《もと》められる。きちんとキャッチできないと、相手チームの走者がどんどん次の塁《るい》に進んでしまう。また、守備《しゅび》のときはほとんどしゃがんだ状態《じょうたい》でかまえなければいけないので、体力もかなり必要《ひつよう》だ。

連合《れんごう》チームとして参加《さんか》した大会では、投手や捕手《ほしゅ》は、深沢高《ふかさわこう》や松蔭大松蔭高《しょういんだいしょういんこう》の部員がやってくれたが、単独《たんどく》チームとなると他校にたよることはできない。

投手に関《かん》しては、首藤《しゅどう》くんが練習をはじめていた。コントロールはまだ不安《ふあん》定《てい》だったが、ある程度《ていど》はストライクを投げこむことができた。さらに練習をつめば、首藤《しゅどう》くんに投手を任《まか》せることができそうだった。

しかし、捕手《ほしゅ》を任《まか》せられるような部員がまだ見つかっていなかった。一時期、白子《しらこ》くんが挑戦《ちょうせん》していたものの、病気の影響《えいきょう》で足の筋力《きんりょく》が弱いこともあり、しゃがんでかまえつづけることができない。捕手《ほしゅ》として試合《しあい》に出場することはかなりむずかしそうだ。

単独《たんどく》チームの可能性《かのうせい》が高まってきたことを受け、水野《みずの》先生はこまっていた。

「ピッチャーとキャッチャーをどうするのか。問題はそれだけじゃない。とにかく守備《しゅび》でしっかりとアウトを取れるようにならないと。内野に転がったゴロや、内野に飛《と》んだフライは、確実《かくじつ》にアウトにしたいところ。外野のあいだを打球がぬけてしまったら、きっちりと内野までボールを返して、せめて三塁《さんるい》まででで走者をとどめたい。こうしたプレーができるようになるには、いろいろな練習をつんで、もっともっとレベルアップしなければいけない……」

「あれもやらなきゃ、これもやらなきゃ」と考えると、水野《みずの》先生の心の中でどんどん不安《ふあん》がふくらんでいくのだった。

久保田《くぼた》先生も、単独《たんどく》チームでちゃんと試合《しあい》ができるのか、不安《ふあん》を感じていた。

まずは人数の問題だ。

「もし部員が9人ちょうどになったら、ひとりでも休むと試合《しあい》が成《な》りたたなくなってしまう。そうならないように、最低《さいてい》でも12人くらいになってほしい。キャッチャーができそうな選手《せんしゅ》もまだ見つかっていないし、たしかに不安要素《ふあんようそ》だらけだよな」

それでも久保田《くぼた》先生は、なんとかして単独《たんどく》チームで大会に出たいと考えていた。そこには、明確《めいかく》な理由があった。

新年度に向けて、部員6人で練習。新入生しだいでは、新たな展開《てんかい》が待っている。

「むずかしいチャレンジだということは、わたしだってわかっている。だけど、やっぱり単独《たんどく》チームをめざしたい。なぜなら、部員のみんなを試合《しあい》に出させてやりたいから。たしかに上手ではないかもしれないけど、毎日のように練習をして、一生懸命《いっしょうけんめい》がんばっている。空振《からぶ》り三振《さんしん》でもいいし、エラーしてもいい。とにかく試合《しあい》に出させて、あの緊張感《きんちょうかん》を味わわせてあげたい」

青鳥特支《せいちょうとくし》は、すでに2試合《しあい》の公式戦《こうしきせん》を経験《けいけん》していたが、現《げん》メンバーの中で試《し》合《あい》に出たことがあるのは首藤《しゅどう》くんだけだった。ほかの部員は、ランナーコーチをつとめることがあった程度《ていど》で、試合《しあい》にはまったく出られていなかった。

「やっぱり試合《しあい》には出たいです」

まだ出場機会《きかい》を得《え》られていなかった白子《しらこ》くんをはじめ、部員の多くがそう話していた。

単独《たんどく》チームになって、部員のみんなに試合《しあい》を経験《けいけん》してもらう。

それが、久保田《くぼた》先生が何より望《のぞ》んでいることだった。

「最初《さいしょ》は50対0で負けるかもしれないけど、とにかくやってみることが大事。何事も、最初《さいしょ》がなければ次もない。尻《しり》ごみばかりしていたら、いつまでたっても何も進まないぞ。人数がそろいさえすれば、次の夏の大会には単独《たんどく》チームとして出場するんだ！」

本当に単独《たんどく》チームとなるかどうかは、2024年度の新入部員の数しだい。いったい何人がベースボール部に入部してくれるのか——。冬の時期、顧問《こもん》の先生や部員たち、保護者《ほごしゃ》らも、そのことを気にかけていた。

2024年度の入学希望者《きぼうしゃ》は、青鳥特支《せいちょうとくし》の職能《しょくのう》開発科に関《かん》しては、20人の募集枠《ぼしゅうわく》に対して38人が応募《おうぼ》。出願倍率《しゅつがんばいりつ》は1・9倍にのぼっていた。

前年度の倍率《ばいりつ》は1・5倍だったので、1年前よりも多くの子どもたちが、青《せい》鳥特支《ちょうとくし》への進学を希望《きぼう》するようになったということだ。きっと、ベースボール部の活動がメディアで大きく報《ほう》じられた影響《えいきょう》もあったのだろう。

普通科《ふつうか》にも50人ほどの入学予定者がいて、新入生全体では70人ほどになる。

その中には「青鳥《せいちょう》で野球がしたい！」という思いを持って入学してくる子どもが、これまで以上《いじょう》に多いのかもしれない。「運動神経抜群《しんけいばつぐん》の子が入ってくるらしい」などというウワサも聞こえてきた。

仮《かり》に部員が6人のまま新年度をむかえた場合、新入部員が3人やってきた時点で単独《たんどく》チームの条件《じょうけん》を満《み》たすわけだが、その可能性《かのうせい》は日増《ひま》しに高まっているように感じられた。

ベースボール部に関《かか》わるすべての人が、楽しみのような、こわいような気持ちで、春のおとずれを待っていた。

連《れん》合《ごう》チームに区切り

2024年3月17日、青鳥特支《せいちょうとくし》をふくむ3校連合《れんごう》チームは、春の都大会の初《しょ》戦《せん》をむかえた。

春の日差《ひざ》しの暖《あたた》かさと、冬のなごりの冷《つめ》たい空気が入りまじる日曜日の朝。集合場所には、青鳥特支《せいちょうとくし》ベースボール部の全部員が顔をそろえた。

この日の対戦《たいせん》相手は、私立明法高校《しりつめいほうこうこう》。明法高側《めいほうこうがわ》のスタンドには、ベンチ入りできなかった大勢《おおぜい》の部員がずらりとならび、試合《しあい》の応援《おうえん》にまわっていた。それだけ選手層《せんしゅそう》があついのだろう。試合前《しあいまえ》の練習でも、各選手《かくせんしゅ》がきびきびとした動きを見せており、実力校であることは一目瞭然《いちもくりょうぜん》だった。

一方の連合《れんごう》チームは、15人全員がベンチ入り。前年の夏の大会前、ギリギリのところで連合《れんごう》チームにすべりこませてもらった青鳥特支《せいちょうとくし》が、今では3校の中で最多《さいた》の部員数になっていた。

この試合《しあい》のスタメンには、青鳥特支《せいちょうとくし》から2人が起用された。首藤《しゅどう》くんが「3番サード」で、さらに八木《やぎ》くんも「2番セカンド」で試合《しあい》に出ることになったのだ。八木《やぎ》くんにとっては、これが初出場《はつしゅつじょう》となる。

秋から冬にかけて大きく成長《せいちょう》した部員のひとりが八木《やぎ》くんだった。そのようすを、水野《みずの》先生はしっかりと見てきた。

「八木《やぎ》くんは、もともと運動は得意《とくい》分野。それに加《くわ》えて、野球の技術《ぎじゅつ》もすごく上手になってきた。野球のことだけではなく、いろんなことに気づけるようになったのも大きな成長《せいちょう》。ごみが落ちていればひろう。何か道具が必要《ひつよう》だと思えば、さっと取りにいく。みんながダラダラ行動しているなと感じたら、自分が先頭

前年の夏季《かき》、秋季《しゅうき》の大会につづきスタメン出場となった首藤《しゅどう》くん。

八木《やぎ》くんは、はじめての公式戦《こうしきせん》出場。2番セカンドで先発オーダーに名を連《つら》ねた。

に立って動く。まわりを見る力、状《じょう》況《きょう》を理解《りかい》する力が、野球を通して身についてきたな」

八木《やぎ》くんが練習にまじめに取りくんできたことが、この日のスタメン入りにつながった。

午前10時、試合《しあい》がはじまった。

先攻《せんこう》は連合《れんごう》チーム。1回表、さっそく八木《やぎ》くんに最初《さいしょ》の打席《だせき》がまわってきた。

八木《やぎ》くんはもともとは右打ちだが、この試合《しあい》では左打席《ひだりだせき》に立った。

実は、左手を痛《いた》めていたのだ。左打

ちにしたほうが左手への負担《ふたん》が少なくなるので、大会直前に急きょ打ち方を変《へん》更《こう》したという。

スイングはまだぎこちなく、空振《からぶ》りをくりかえす。だが、3度目のスイングが球をかすめ、ファウル！　次の球を見逃《みのが》して三振《さんしん》となってしまったが、フルカウントまでねばって、相手投手に7球も投げさせた。

守備《しゅび》ではセカンドを任《まか》された。連合《れんごう》チームが陣取《じんど》る三塁側《さんるいがわ》ベンチから、久保《くぼ》田《た》先生が一球ごとに大きな声で指示《しじ》を送る。

「八木《やぎ》！　ランナー一塁《いちるい》な。ゲッツーねらうぞ！」

「次は一塁《いちるい》でアウトにすればいいからな！」

「相手、右バッターだぞ！　守備位置《しゅびいち》を考えよう！」

八木《やぎ》くんは、そのひとつひとつにうなずきながら、懸命《けんめい》にセカンドの守備《しゅび》をこなしていた。

試合《しあい》は、予想された通り、明法高《めいほうこう》が一方的《いっぽうてき》に攻《せ》めたてる展開《てんかい》になった。1回に7点を取り、さらに2回にも7点。かたや連合《れんごう》チームのほうには、得点《とくてん》が入る気配はまったくない。

0対14というスコアでむかえた3回裏《うら》。連合《れんごう》チームに守備《しゅび》の交代があった。

球場にアナウンスの声がひびく。

〝ピッチャー・首藤《しゅどう》くん――〟

公式戦《こうしきせん》のマウンドに、首藤《しゅどう》くんがはじめて立ったのだ。見ている側《がわ》としてはドキドキしたが、首藤《しゅどう》くん本人はさほど緊張《きんちょう》していないようだった。

最初《さいしょ》の打者に対しては、ストライクが1球も入らず四球。

次の打者への初球《しょきゅう》で、見逃《みのが》しストライクを1つ取れた。だが、そこからはまたボールがつづいて四球となった。

このとき、ベンチにいた白子《しらこ》くんが動く。久保田《くぼた》先生に「俺《おれ》、行ってきます」と言いのこし、マウンドに向かってかけだしていった。

白子《しらこ》くんはこの試合《しあい》では、連合《れんごう》チームのキャプテンを任《まか》されていた。マウン

ピッチャー首藤《しゅどう》くんがピンチの場面、連合《れんごう》チームのキャプテンでもある背番号《せばんごう》10の白子《しらこ》くんが伝令《でんれい》としてマウンドに向かった。

ドに内野の選手《せんしゅ》たちをよびよせ、円《えん》陣《じん》を組んだ。

「首藤《しゅどう》、打たれてもいいから真ん中に投げこもうぜ」

白子《しらこ》くんの言葉にうなずく首藤《しゅどう》くん。ほかの選手《せんしゅ》たちも口ぐちに言う。

「落ちついて、ストライクを取ろう！」

「そうそう。真ん中、真ん中！」

マウンドのまわりに集まっていた内野陣《ないやじん》がそれぞれの守備位置《しゅびいち》にもどり、試合《しあい》が再開《さいかい》された。首藤《しゅどう》くんは気持ちを落ちつけ、目の前の打者に集中しなおした。

2ボール1ストライクからの4球目、金属音《きんぞくおん》とともにするどい打球が飛《と》ぶ。ショートへのゴロだ。

松蔭大松蔭高《しょういんだいしょういんこう》の選手《せんしゅ》がなんとか打球に追いつくと、すかさず一塁《いちるい》に送球。きわどいタイミングだが、判定《はんてい》は……アウト！

味方のファインプレーに助けられ、首藤《しゅどう》くんは1つ目のアウトを取ることができた。

ヒットを打たれたり、守りのミスがあったり、四球を出したり……。首藤《しゅどう》くんが投手をつとめたこの3回も、明法高《めいほうこう》に7得点《とくてん》をゆるしてしまった。

だが、収穫《しゅうかく》も多かった。この回の11人目の打者から、首藤《しゅどう》くんは空振《からぶ》り三振《さんしん》をうばったのだ。これで3つ目のアウトをもぎとって、マウンドを降《お》りた。

4回を終えたとき、スコアは0対27になっていた。5回表の連合《れんごう》チームの攻《こう》撃《げき》が終わった時点で10点以上《いじょう》の差《さ》がついたままだと、そこでコールド負けとな

3回に公式戦初《こうしきせんはつ》となるマウンドに上がった首藤《しゅどう》くん。立ちあがりはなかなかストライクが入らなかったが、緊張《きんちょう》を感じさせない、堂《どう》どうとしたピッチングを見せた。

る。それをさけることはできそうになく、この5回が実質的《じっしつてき》には最《さい》終回《しゅうかい》だった。

2アウト走者なしとなったところで、代打として打席《だせき》に入ったのが後藤《ごとう》くんだ。公式戦《こうしきせん》には、初出《はつしゅつ》場《じょう》。左利《ひだりき》きの後藤《ごとう》くんは、球審《きゅうしん》にあいさつをしてから、左打席《ひだりだせき》に立った。

次打者が待機《たいき》するネクストバッターズサークルには、ヘルメットをかぶった白子《しらこ》くんがいた。後藤《ごとう》くんが塁《るい》に出ることができれば、白子《しらこ》くんにも打席《だせき》がまわってくる。逆《ぎゃく》に、後藤《ごとう》くんがアウトになってしまえば、そこでゲームセット。白子《しらこ》くんの公式戦初出場《こうしきせんはつしゅつじょう》はおあずけとなってしまう。

打席《だせき》の後藤《ごとう》くんは落ちついていた。ボール球には手を出さなかった。一度だけスイングしたが、球をとらえきれずファウルに。最後《さいご》はボール球をしっかり見送って、四球をえらんだ。後藤《ごとう》くんは小さなガッツポーズをつくってから、一塁《いちるい》へと走っていった。

この見事なつなぎのおかげで、白子《しらこ》くんにも打席《だせき》がまわってきた。

待ちこがれていた公式戦《こうしきせん》の初打席《はつだせき》だ。緊張《きんちょう》が高まり、初球《しょきゅう》にはバットが出ない。3球目も見逃《みのが》しのストライクで、早くも2ストライクと追いこまれた。

三塁側《さんるいがわ》のベンチから、連合《れんごう》チームのみんなが、白子《しらこ》くんの背中《せなか》に声援《せいえん》を送っていた。

「白子《しらこ》いけ！　バットを振《ふ》るんだ！」

足もとの土をならしながら、小さくうなずいた白子《しらこ》くん。覚悟《かくご》をかためた。

「なんとしても振《ふ》る。空振《からぶ》りでもいいから、振《ふ》ってやる！」

4球目、思いきってバットを振《ふ》った。スイングは空を切った。

ヘルメットをぬいだ白子《しらこ》くんは、くやしそうな表情《ひょうじょう》をうかべていた。

試合後《しあいご》、球場の脇《わき》のスペースに3校の部員と先生たちが集まり、ミーティングがおこなわれた。

久保田《くぼた》先生からは、次のような話があった。

「この春の大会をもって、3校の連合《れんごう》

最後《さいご》に代打として出番がまわってきた白子《しらこ》くん。これが公式戦初出場《こうしきせんはつしゅつじょう》だった。

チームはひと区切りとなります。今後は、また連合《れんごう》を組むことになるかもしれないし、別《べつ》べつのチームになるかもしれません。そこはまだわかりませんが、同じ野球の仲間《なかま》として、こうして出会えたことに感謝《かんしゃ》しています。ありがとうございました」

さらに、青鳥特支《せいちょうとくし》だけで集まり、部員一人ひとりが試合《しあい》の感想を述《の》べあった。

後藤《ごとう》くん「負けたのはくやしいですけど、大会で打席《だせき》に出るのもぼく自身がはじめてで。最初《さいしょ》の打席《だせき》で塁《るい》に出られたのはすごいうれしかったですね」

西村《にしむら》くん「試合《しあい》に出られなくて悲しいけれど、みんなの応援《おうえん》をしてがんばりました」

首藤《しゅどう》くん「ピッチャーでストライクが入るようになって。最後《さいご》に三振《さんしん》を取れたのがうれしかったです」

八木《やぎ》くん「今日はいっぱいミスもあったけど、カバーもちょっとずつできました。次は守備《しゅび》の、どこに自分がつけばいいか。それをもっと頭に入れながら、学校でもがんばろうと思いました」

斎藤《さいとう》くん「相手も強かったし、ぼくたちも強くならないと、まだちょっとむずかしいかなという感じはしました」

白子《しらこ》くん「チームとしては、全員が団結《だんけつ》できていてよかった。自分は空振《からぶ》りで終わったんですけど、前よりタイミングが合っていてよかったと思います」

全員が話しおえると、久保田《くぼた》先生は言った。

「今日は、今までいちばん多い4人が試合《しあい》に出ることができました。学校で一生懸命《いっしょうけんめい》練習をしてきて、きみたちの力がついてきたということだ。自分たちでもわかるよな？　試合《しあい》に出られなかった人は、残念《ざんねん》だとかくやしいという気持ちを、また練習のときに示《しめ》してください。次は夏の大会。もっともっと試合《しあい》に出られるように、もっともっとアウトを取れるように、春休みも練習をがんばっていきましょう」

これで解散《かいさん》となり、部員たちはユニフォームから制服《せいふく》に着がえはじめた。つい先ほど試合《しあい》で大敗《たいはい》したことがウソのように、みんな楽しそうに軽口をたたきあっている。

首藤《しゅどう》くんは「けっこう楽しかった」と、公式戦初登板《こうしきせんはつとうばん》を笑顔《えがお》で振《ふ》りかえっていた。

キャプテンの白子《しらこ》くんは、うれしさをかみしめるように、こう話した。

「今日の試合《しあい》に出させてもらえるとは思っていませんでした。4回のとちゅうくらいに、久保田《くぼた》先生から『いくぞ！　代打の準備《じゅんび》をしておけ！』と言われて。後藤《ごとう》がつないでくれたおかげで打席《だせき》に立つことができました。緊張《きんちょう》はしましたけど、試合《しあい》に出るっていいことですよね。世の中には試合《しあい》に出られない子もいる中で、こうやって試合《しあい》に出るチャンスをあたえてもらって。やっぱり……いいですねえ」

幼《おさな》いころ、神宮《じんぐう》球場でヤクルトの試合《しあい》を見たときから大好《だいす》きになった野球。だが青鳥特支《せいちょうとくし》に入るまで、病気や障《しょう》がいがあることを理由に、どの野球チームにも入れてもらえなかった。そんな経験《けいけん》をしてきたからこそ、高校野球の公式《こうしき》戦《せん》にはじめて出られたよろこびはいっそう大きかった。

3月25日、青鳥特支《せいちょうとくし》では修了式《しゅうりょうしき》がおこなわれた。春休みをはさんで、4月から新年度がスタートする。

単独《たんどく》チームになる可能性《かのうせい》もある２０２４年度のベースボール部。いったい、どんなかたちで歩みを進めていくのだろう――。

試合後《しあいご》のミーティング。久保田《くぼた》先生から連合《れんごう》チームのみんなに向けて、メッセージが伝《つた》えられた。

エピローグ　単独《たんどく》チームのゆくえ

2024年度がスタートしてから1か月ほどがたった5月上旬《じょうじゅん》――。

青鳥特支《せいちょうとくし》の放課後《ほうかご》のグラウンドには、それまで見たこともないほどのたくさんの人のすがたがあった。なんと10人以上《いじょう》もの1年生たちがベースボール部の練習に参加《さんか》していたのだ。

その光景《こうけい》に、白子《しらこ》くんが目を丸くしていた。

「この人数の多さ、すごいな！」

ただ、ここにいる1年生全員が新入部員というわけではない。青鳥特支《せいちょうとくし》では、まずは仮入部《かりにゅうぶ》というかたちでその部活を体験《たいけん》する決まりがある。そのうえで、入部したい気持ちがかたまってから、入部届《にゅうぶとどけ》を出すことになっている。

この日も、1年生の多くがまだ仮入部《かりにゅうぶ》の段階《だんかい》。正式に新入部員として練習に加《くわ》わっていたのは3人だけだった。2・3年生の部員と合わせると9人になり、ちょうど野球のチームを組める人数に達《たっ》したところではあったが、もう少しようすを見る必要《ひつよう》があった。

さらに2週間ほどがたち、5月の下旬《げじゅん》にさしかかったころ、久保田《くぼた》先生はついに決断《けつだん》した。

「よし。夏の都大会には単独《たんどく》チームとして出場しよう！」

入部届《にゅうぶとどけ》を出した1年生は、3人から6人へと増《ふ》えていた。これでベースボール部の部員は全学年合わせて12人。もう少し増《ふ》える可能性《かのうせい》もある。これだけの数がそろったことで、思いなやむ理由はなくなった。

「わたしの頭の中では、部員が11人になれば、単独《たんどく》チームとしての参加《さんか》にゴーサインを出すつもりだった。それをクリアできたからには、もう迷《まよ》いはない」

新入部員の中には野球経験者《けいけんしゃ》がいた。中学生の硬式《こうしき》野球クラブチームで練習をつんできたというその1年生は、見るからに動きがいい。青鳥特支《せいちょうとくし》の大きな

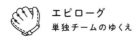

戦力《せんりょく》になるだろう。

だれがどのポジションを守るのかはこれからの練習を見ながら決めていくことになるが、単独《たんどく》チームとして出場すると決めた以上《いじょう》は、7月の大会本番に向けて前進あるのみ。まずは「1勝」をめざす。

たくさんの1年生がチームに加《くわ》わったことで、上級生の部員たちの表情《ひょうじょう》が変《か》わった。白子《しらこ》くんはもちろんのこと、首藤《しゅどう》くんや八木《やぎ》くんも、先輩《せんぱい》らしく新入部員に練習の進め方をていねいに教えていた。そしてみんな、仲間《なかま》が増《ふ》えたことがうれしそうだ。きつい練習にも楽しそうに取りくんでいる。

部員が増《ふ》え、単独《たんどく》チームになることについて、2年生になった後藤《ごとう》くんはこう話していた。

「青鳥《せいちょう》だけで野球がやれるうれしさがあります。連合《れんごう》チームを組んでいたときにくらべれば、スタメンで起用される可能性《かのうせい》は大幅《おおはば》に高まる。これまで練習でつみあげてきた実力を見せるチャンスが来たなって思っています」

そう語る後藤《ごとう》くんは、このところめきめきと野球の力をつけてきた。体格《たいかく》を生かしたパワフルな打撃《だげき》に期待がかかるし、それに加《くわ》えて投手としての練習にも挑戦《ちょうせん》している。かつて話していたように、大谷翔平選手《おおたにしょうへいせんしゅ》のような〝二刀流〟での活躍《かつやく》が本当に見られるかもしれない。

後藤《ごとう》くんは力強く言う。

「たしかに〝二刀流〟にも近づいてきました。ストレートの球速は首藤先輩《しゅどうせんぱい》と同じくらい出るようになってきましたし、ピッチャーで起用される可能性《かのうせい》もなくはない。自信《じしん》もついてきています」

夏の大会までに、まだまだ成長《せいちょう》しそうな勢《いきお》いだ。

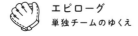

そして、キャプテンの白子《しらこ》くん。3年生にとっては、夏の大会が高校野球の最後《さいご》の舞台《ぶたい》だ。大一番に向けての思いを、こう話してくれた。

「単独《たんどく》チームとして出場する、その覚悟《かくご》はもう完《かん》ぺきにできています。まだチームがバラバラなので、これからしっかりとまとめたいと思います。大会に出るからには、甲子園《こうしえん》に行く気でやるしかない。やっぱり一回は甲子園《こうしえん》に行きたいですから」

もちろん、かんたんではないことはわかっている。たとえ今年はダメだったとしても、いつの日か後輩《こうはい》たちが夢《ゆめ》をかなえてくれると信《しん》じている。

「去年、はじめて都大会に出たことがニュースになったおかげで、今年こんなに多くの1年生が入部してくれました。たぶん来年以降《いこう》も、どんどん入ってきてくれると思います。障《しょう》がいがあっても野球がうまい子どもって、たくさんいるんですよ。そういう子たちが集まったら、うちだって甲子園《こうしえん》に行けるかもしれません。1パーセント以下《いか》の確率《かくりつ》かもしれないですけど、可能性《かのうせい》はあると思うんです」

青鳥特支《せいちょうとくし》が都高野連《とこうやれん》に加盟《かめい》してから、ちょうど1年。連合《れんごう》チームとして3度の都大会を経験《けいけん》し、次は、単独《たんどく》チームとして公式戦《こうしきせん》に挑《いど》む。わずか1年のあいだに、ベースボール部は大きな歩幅《ほはば》で前進してきたのだ。そのペースは、これからもっと加速《かそく》するにちがいない。

彼《かれ》らがあゆむ道の先には、高校野球の聖地《せいち》・甲子園《こうしえん》球場がそびえたっている。

今はまだ遠くてそのすがたは見えないけれど、前に進みつづければ、必《かなら》ずやたどりつくだろう。白子《しらこ》くんが話してくれたように、可能性《かのうせい》はけっしてゼロではないのだ。

黒土とあざやかな緑の芝《しば》を、青鳥特支《せいちょうとくし》のベースボール部員たちがふみしめ、スタンドからの大歓声《だいかんせい》をあびる日はきっと来る。

そのときまで——待ってろ！　甲子園《こうしえん》。

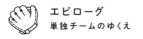

あとがき　ふたたび開いた扉《とびら》

この本を最後《さいご》まで読んでくれて、ありがとうございます。

わたしは、長い期間にわたって、青鳥特支《せいちょうとくし》ベースボール部の取材《しゅざい》をつづけてきた。そのあいだのことを今あらためて思いかえすと、部の状況《じょうきょう》が大きく変《か》わったことにおどろかされる。

2023年の夏の都大会が終わったあと、部員の数は5人になっていた。そのころに土曜日の練習を見に行くと、2人が休みで、練習に参加《さんか》しているのは3人だけということがあった。顧問《こもん》の先生（4人）のほうが多い練習風景《ふうけい》は、やっぱり少しさみしい感じがした。意欲《いよく》が弱まりかけている部員もいて、この先、ベースボール部はどうなってしまうのかと心配だった。

でも、部員たちはしぶとかった。だれも部活をやめなかったし、みんな、練習に対して少しずつ積極的《せっきょくてき》になっていった。ともに汗《あせ》を流す仲間《なかま》がいたから、がんばれたのだと思う。そして、確実《かくじつ》に上手になっていった。

２０２４年の春をむかえたころ、部員たちのプレーにみがきがかかってきたことを実感した。首藤《しゅどう》くんはマウンドに立つすがたがさまになっていたし、後藤《ごとう》くんは急に力強い球を投げはじめて顧問《こもん》の先生をおどろかせていた。「単独《たんどく》チームになる可能性《かのうせい》がある」という自覚《じかく》が、彼《かれ》らの成長《せいちょう》を後押《あとお》ししたのかもしれない。白子《しらこ》くんが髪《かみ》を丸刈《まるが》りにしたのも、そのころだった。

そこに新１年生が加《くわ》わって、練習中のグラウンドはいっきににぎやかになった。もちろん先のことはわからないけれど、顧問《こもん》の先生のほうが多い、なんてことにはきっともうならないだろう。

この本を書きおえた時点で、２０２４年の夏の都大会がどんな結果《けっか》になったのかは、まだわかっていない。楽しみな気持ちと、「ちゃんと試合《しあい》ができるのか？」という不安《ふあん》とが、わたしの心の中でせめぎあっている。

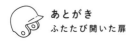

どんな結果《けっか》であっても、彼《かれ》らが悔《く》いを残《のこ》さなければ、それでいいと思っている。そして、来年以降《いこう》も、より強いチームとなって大会に挑《いど》みつづけてほしい。

この本を読んでくれた人たちに、ひとつ知っておいてほしいことがある。

実は、ずっと昔にも、障《しょう》がいがある子どもたちが高校野球に挑《いど》んだことがあった。舞台《ぶたい》は、沖縄県《おきなわけん》だ。

1964年から1965年にかけて、沖縄県《おきなわけん》で「風《ふう》しん」という病気がはやった。熱《ねつ》が出たり、体にしっしんができたりする病気だが、症状《しょうじょう》がかるければ、病気にかかったことに気づかないまま自然《しぜん》と治《なお》ることもある。

ただ、おなかに赤ちゃんがいる女性《じょせい》が風《ふう》しんにかかってしまうと、生まれてくる赤ちゃんに障《しょう》がいがある場合がある。今では、ワクチンを注射《ちゅうしゃ》して風《ふう》しんにかからないようにするなどの対策《たいさく》が整えられているが、昔はそういうことがまだわかっていなかった。そのため、沖縄県《おきなわけん》では、風《ふう》しんがはやったあと、数多くの障《しょう》がい児《じ》が生まれることになった。

耳が不自由《ふじゆう》である（まったく聞こえない、または極端《きょくたん》に聞こえづらい）という障《しょう》がいがある子どもたちが多かった。生まれつき耳に障《しょう》がいがあると、自分やほかの人の声が聞こえないので、うまく話す力もつきにくい。彼《かれ》らはおもに、手の動きで言葉を伝《つた》える手話で、コミュニケーションをとっていた。

そうした子どもたちが中学生になるのに合わせて、沖縄県《おきなわけん》に「北城《きたしろ》ろう学校」という新しい学校がつくられた。1978年に約《やく》200人の生徒《せいと》が中等部に入学したのだが、彼《かれ》らには先輩《せんぱい》がいないのはもちろんのこと、卒業《そつぎょう》するまで後輩《こうはい》もできなかった。ひとつの学年だけ、一代かぎりの学校だったのだ。

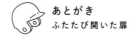

彼《かれ》らが同校の高等部に上がるころ、「野球がやりたい！」と意欲《いよく》を示《しめ》す生徒《せいと》たちがあらわれた。先生たちも協力《きょうりょく》し、野球部がつくられたが、ほどなく大きな問題に直面する。そう、高野連《こうやれん》への加盟《かめい》だ。

当時も「障《しょう》がいがある子どもが野球をやるのはあぶない」という意見があった。また、審判《しんぱん》の声が聞こえないと、試合《しあい》をスムーズに進めることがむずかしくなる。法律《ほうりつ》や制度《せいど》に関《かか》わる問題もあり、加盟《かめい》への道のりはけわしかった。だが、部員たちの熱意《ねつい》と、それにこたえようとする先生たちの努力《どりょく》はみのる。沖縄県高野連《おきなわけんこうやれん》に加盟《かめい》をみとめられ、高2の夏の県大会に出場。その翌年《よくねん》の夏の大会まで、彼《かれ》らは高校野球に青春をささげることができたのだ。

北城《きたしろ》ろう学校野球部のあゆみは『遥《はる》かなる甲子園《こうしえん》——聴《き》こえぬ球音に賭《か》けた16人』（戸部良也《とべよしなりちょ》著・双葉社《ふたばしゃ》）という本にまとめられている。もう出版《しゅっぱん》されていないので、見つけるのはむずかしいかもしれないが、気になった人は古本や図書館などでさがしてみてほしい。

40年以上《いじょう》も前に、北城《きたしろ》ろう学校の生徒《せいと》たちは重い扉《とびら》を押《お》しあけた。けれど、一代かぎりの学校だったこともあり、せっかく開いたその扉《とびら》は、年月とともに少しずつ閉《し》まりかけていたのではないだろうか。

そこにあらわれたのが、青鳥特支《せいちょうとくし》ベースボール部だ。

彼《かれ》らは「障《しょう》がいがあっても高校野球はできる!」という共通《きょうつう》の思いのもと、

閉《し》まりかけていた扉《とびら》をふたたび力強く開いた。そして、目の前にのびる長い道を走りはじめた。

わたしは、彼《かれ》らの背中《せなか》を追いかける子どもたちがこれからどんどん増《ふ》えることを願《ねが》っている。障《しょう》がいがあっても、なくても、野球というすばらしいスポーツに取りくむ子どもたちがたくさん出てきてほしいと思う。この本がそのきっかけになれば、とてもうれしい。

最後《さいご》になりましたが、取材《しゅざい》に協力《きょうりょく》してくださったすべての人に心より感謝《かんしゃ》を申しあげます。久保田《くぼた》先生をはじめとする青鳥特支《せいちょうとくし》ベースボール部の顧問《こもん》の先生方、部員の保護者《ほごしゃ》の方、そして、いつもにこやかに取材《しゅざい》に答えてくれた部員のみんな、本当にありがとうございました。

初勝利《はつしょうり》の報告《ほうこく》が届《とど》くのを楽しみに待っています。

2024年5月　日比野恭三《ひびのきょうぞう》

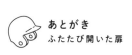

装　丁　　西垂水敦・内田裕乃（krran）

撮　影　　越智貴雄／カンパラプレス（カバー・表紙／口絵／本文）

写真提供
赤西奈津季（口絵：P.4上、P.5下、P.6上、P.7左上／本文：P.22、P.27、P.102、P.117）、久保田浩司（本文：P.18、P.19、P.55）、東京新聞（口絵：P.5上／本文：P.103、P.109）、広尾晃（本文：P.57）、ポプラ社（口絵：P.4下、P.5中／本文：P.86、P.98、P.99、P.104、P.105）、南しずか（本文:P.120）（五十音順）

校　正　　あかえんぴつ

日比野恭三（ひびの・きょうぞう）

1981年、宮崎県生まれのノンフィクションライター。2010年よりスポーツ雑誌『Number』編集部で編集や執筆の仕事を6年間おこなう。2016年、フリーに。現在は野球を中心としたスポーツやビジネスなどの分野で執筆活動中。著書に『最強部活の作り方 名門26校探訪』（文藝春秋）。「青春サプリ。」シリーズ（共著／ポプラ社）。

ポプラ社ノンフィクション46　～スポーツ～

待《ま》ってろ！ 甲子園《こうしえん》

～青鳥特別支援学校《せいちょうとくべつしえんがっこう》ベースボール部《ぶ》の挑戦《ちょうせん》～

発行　2024年6月　第1刷

著　者　日比野恭三

発行者　加藤裕樹

編　集　堀 創志郎

発行所　株式会社ポプラ社

〒141-8210

東京都品川区西五反田 3-5-8 JR 目黒 MARC ビル 12 階

ホームページ　www.poplar.co.jp

印刷・製本　中央精版印刷株式会社

ISBN978-4-591-18188-1／N.D.C.916／159P／20cm

P4047046